XAVIER MAUMÉJEAN

Kafka à Paris

Du même auteur :

American gothic, Alma éditeur, 2013.

Rosée de feu, Folio, 2013.

Lilliputia, Calmann-Lévy, 2008.

Ganesha, mémoires de l'homme-éléphant, Mnémos, 2007.

La Vénus anatomique, Livre de poche, 2006.

KAFKA À PARIS

XAVIER MAUMÉJEAN

Alma, éditeur. Paris

« Celui qui désire avoir une idée assez complète de Paris, sans toutefois se livrer à aucune étude sérieuse ou approfondie, devra consacrer au minimum huit jours à parcourir la capitale, et nous entendons par huit jours, huit journées bien remplies, employées depuis le matin jusqu'au soir. Pour cela, il faut être doué d'une très bonne santé. »
Paul Joanne, *Guide de Paris*, 1910

« J'ai senti Paris me saisir à la gorge. »
Franz Kafka, *Journal*, 1911

« Concernant son amitié avec Brod, j'ai l'impression de m'approcher de la vérité si je dis que Kafka était un Laurel qui se serait trouvé dans la pénible obligation de se chercher son Hardy. »
Walter Benjamin, *Lettre à Gershom Scholem*,
Paris le 4 février 1939

Ouvrage publié sous la recommandation de François Angelier

ISBN : 978-2-36279-158-1

1. AU BUREAU

S'il y avait bien un type rigolo dans la vie, c'était Franz Kafka. Jamais le dernier à mélanger les chapeaux au vestiaire, comme la fois où le directeur Marschner n'avait pas retrouvé le sien. Après coup, même ceux du service Comptabilité avaient esquissé un sourire. Quel brimborion ! C'est sûr que, depuis qu'il avait été engagé il y a trois ans, sur la recommandation expresse du président Otto Pribram, on s'ennuyait moins à l'Office des assurances ouvrières contre les accidents du travail pour le royaume de Bohême à Prague.

Josef Krätzig songeait à cela tout en chiquant une boulette de papier imprimé. Il jeta un regard à son collègue, empreint de respect et d'envie. Kafka était svelte, élancé, l'allure sportive. Un beau visage à la peau mate. De grands yeux gris aux paupières frangées de longs cils. Des cheveux noirs d'ébène, séparés par une raie médiane, qui faisaient comme des ailes de corbeau. Comment disait-on dans le style sentimental qu'affectionnaient les romans populaires ? Ah, oui ! Un *beau ténébreux*. Il devait plaire aux filles. Et puis toujours élégant, le costume taillé à la dernière mode, avec tout de même un col de chemise d'une hauteur excessive au goût de Krätzig. Cela lui faisait tête haute alors que Kafka n'avait pas besoin de se donner des airs. Il en imposait au bureau, sans jamais élever la voix, affichant en toutes circonstances un calme olympien. Une simple apparence pour qui le fréquentait à raison de six heures par jour, se dit Krätzig, même si, en effet, il y avait quelque chose de divinement grec chez lui. En témoignaient ses oreilles, curieusement torsadées et pointues, pareilles à celles d'un faune. Signe que la démesure couvait en permanence au plus profond de Kafka et pouvait en jaillir à tout instant.

Un matin, Krätzig lui avait demandé comment s'était passée sa soirée. En réponse à ce qui n'était après tout qu'une formule de politesse, Kafka lui avait raconté son rêve. Il était question d'un enfant semi-aveugle au globe laiteux à la place d'un œil, la vision de l'autre augmentée au moyen d'un verre positionné de manière exacte par un système de levier et une tige de fer glissée par un trou dans la chair et ressortant derrière l'oreille. Depuis, Krätzig économisait les mondanités. Il déglutit le jus d'une pleine bolée de faits divers arrachés en avant-dernière page du journal et demanda :

« Combien de temps ?

– Sans compter le voyage ? Une semaine, peut-être dix jours. »

Des images de bons petits plats et de femmes en tenues légères défilèrent dans l'esprit de Krätzig. Un véritable zootrope mental dont il modifiait la vitesse en fonction de ses désirs. Pour l'heure, elles tournaient à pleine cadence au rythme d'une vague réminiscence d'Offenbach.

« Pense à ton ami Josef K. »

Surnom que lui avait donné Kafka. Celui-ci répondit, buste renversé en arrière, à sa façon détendue :

« Aucune chance. »

Josef Krätzig sourit de toutes ses dents. Entre la canine et la prémolaire droites, noircies par l'encre, on distinguait un bout de *La Tribuna*, édition du jour. Il cracha la boulette humide dans sa paume et, d'un geste filé comme du sucre, l'envoya au plafond, exactement au-dessus de la place qu'occupait Aloïs Gütling, le stagiaire. À cet instant précis, celui-ci pénétra dans le bureau. Il remarqua aussitôt l'ajout aux concrétions qui formaient autant de minuscules stalactites, gémit et déclara d'une voix blanche :

« Docteur Kafka ? Le directeur vous attend dans son bureau. »

***

Par principe, tout responsable est mécontent de ses subordonnés. Il doit faire montre d'une sévérité qui n'outrepasse guère les exigences liées à sa fonction. Le directeur Marschner se remémorait quelques points de morale, mains posées à plat sur le rapport, indifférent à Eugen Pfohl et Ernest Eisner qui se tenaient debout face à lui ; respectivement l'inspecteur en charge des archives du département Liquidations et Paiements, et le supérieur immédiat de Kafka. Ils l'avaient alerté ce matin, bien trop tard. Marschner était à deux doigts de leur infliger un blâme, comme un trophée de négligences décerné ex aequo. Le directeur soupira. Non, un chef ne se laisse pas submerger par la colère. Inaltérable probité est sa devise. Mais tout de même, il ne pouvait faire moins qu'une copieuse réprimande. Ces deux nigauds allaient entendre parler du pays. Lequel, d'ailleurs ?

« La France, murmura Pfohl.

– Paris », précisa Eisner qui jouait la surenchère pour se démarquer de son collègue.

Pas la moindre solidarité, un comble pour des employés d'assurances. Cet égoïsme qui faisait l'époque comblait de fureur le directeur. Se contenant avec peine, le directeur lut quelques lignes du rapport splendidement calligraphié. Il trouva aussitôt l'apaisement. *Extension de l'obligation d'assurance dans les métiers du bâtiment et les professions annexes* était un modèle du genre. La manière dont se trouvaient évoqués les risques encourus par différentes entreprises et le recours en cas de liquidation ! Le directeur ne pouvait s'empêcher de frémir en parcourant certains passages. Ces pages témoignaient d'un style. Une rédaction de qualité qui, cependant, n'oubliait jamais d'être au service du contenu. Adéquation de la forme et du fond, Marschner n'avait rien lu d'aussi bon depuis *L'assurance contre les accidents du travail et les entrepreneurs*, du même auteur.

Seulement voilà, aujourd'hui il partait en vacances.

***

Le bureau du directeur se trouvait au quatrième, soient deux étages plus haut. L'ascenseur étant comme toujours en panne, Kafka grimpa avec souplesse jusqu'au troisième niveau. À partir de là, on ne pouvait que traverser sur toute sa longueur l'officine des

Écritures. Avant de franchir le seuil, Kafka changea d'apparence. Il se tassa et laissa échapper un sifflement par intermittence qui évoquait la fluxion de poitrine. Puis il s'engagea dans les bureaux afin de gagner l'escalier privé, situé à l'autre bout.

Perchés sur de hauts tabourets, les commis ne lui prêtèrent pas attention. Certes ils étaient absorbés tout entiers par leur besogne d'écritures, le nez plongé dans un classeur, mais quelque chose dans l'allure de Kafka faisait qu'il passait inaperçu, comme un égal dans la peine. Son visage se confondait avec les faces insignifiantes et tristes. Bien qu'il ne portât pas manches de lustrine et visière, tout chez lui proclamait sa triste condition. Celle d'une taupe aux cils collés, yeux chassieux ne connaissant que la lumière des quinquets, poumons encrassés de poussière, pour qui un coup de plumeau sur les dossiers revient à enlever une couche de misère, autant de travail abattu. Un inférieur qui travaille pourtant en haut de l'immeuble, pratiquement au sommet, au bas de la hiérarchie, paradis pour subalternes. Une anomalie humaine comme il en existe tant.

Kafka était normopathe, capable de calquer son comportement sur celui des autres, en une imitation si parfaite qu'on aurait dit de l'expression spontanée.

Ainsi avait-il l'art de trouver la mine appropriée, celle que l'on attendait de lui. Le jeune homme adaptait ou corrigeait son apparence en fonction des circonstances. Un menton qu'on allonge, tel modèle de joues, un haussement de sourcil prélevé dans sa collection, faisaient naître chez les autres une vague impression de déjà-vu. Quand il était arrivé au bureau pour la première fois, tout le monde semblait le connaître et il en allait ainsi depuis, dans les couloirs ou au réfectoire. Le secrétaire de Marschner vit donc apparaître un fringant docteur en droit au salaire de cent couronnes.

***

« Faites entrer, et que l'on ne nous dérange pas. »

Kafka pénétra dans le bureau.

« Je vous en prie, asseyez-vous. »

Pfohl et Eisner encadraient le directeur. On aurait dit deux marionnettes que pouvait à tout instant actionner leur montreur. Kafka se les imagina sur les genoux de Marschner, impression que confirma Eisner lorsqu'il entama son compliment sur un débit mécanique. Seule sa mâchoire inférieure semblait bouger :

« Le docteur Kafka est une personne instruite, qui en deux ans est passée d'auxiliaire à titulaire. Nous tenons là un employé éminemment âpre à l'œuvre, doué d'un talent et d'un dévouement exceptionnels.

– Intérêt soutenu pour ses missions, renchérit Pfohl.

– Jamais une récrimination.

– Le plus efficace de nos juristes chargés des recours, en tête du tableau de service.

– Quelle finesse pour débrouiller les problèmes sans jamais recourir aux tribunaux ! s'écria Eisner. Tout le monde fait cas de votre travail, docteur Kafka, s'en remet à la diligence de vos avis.

– Les administrateurs, mais aussi monsieur le directeur si l'on me permet cette audace ! »

Marschner hocha gravement la tête.

« C'est parfaitement vrai, M. Pfohl. Et j'ajouterais qu'il en va de même pour l'ensemble des actionnaires. Aussi dois-je vous le demander tout de go : pourquoi vous éloigner de notre maison ? »

Kafka s'abstint de répondre. Il avait le regard braqué sur la tête du directeur, fixant la zone qui faisait transition entre les rides délicates de son front et sa calvitie. La guerre de l'œil commençait, ce que Marschner ne tarda pas à comprendre. À chaque fois, il en allait ainsi avec Kafka.

« Messieurs, veuillez-nous laisser. »

Eisner et Pfohl s'inclinèrent bien bas, saluant à cul ouvert avant de prendre congé.

Le directeur engagea, affichant une légère expression d'amertume. Les yeux de Kafka zigzaguèrent avant de se porter ailleurs. Jolie passe, mais le directeur ne souhaita pas lui concéder le point. Aussi répliqua-t-il sur un mode classique, œil charbonneux qu'appuyait une déclaration à l'emporte-pièce :

« Paris, grands dieux, quelle drôle d'idée ! »

Pris de court, Kafka laissa son regard errer tandis qu'au moyen des dents et de la langue il se façonnait une candide expression. Encouragé, le directeur insista :

« Pourquoi vous y rendre sans la moindre nécessité ?

– Je répugne à parler d'une ville qui m'est pour ainsi dire inconnue.

– Vous ne posez jamais de congé !

– Je voudrais faire du tourisme.

– Dans quel but ?

– Me détendre.

– Vous détendre ? Mais enfin, chacun sait que le tourisme exige de tout prévoir ! »

Marschner détailla son subordonné qui contra en louchant. C'était inutile, ils n'arriveraient à rien. Sans proférer un mot, tous deux s'accordèrent une pause avant de privilégier un échange classique.

« Vous n'avez pas, comme moi, de lourdes responsabilités. Aucune raison de craindre pour votre place, alors que certains conspirent à me prendre la mienne. »

Kafka jeta un regard alentour.

« Qui ? »

Marschner fit un geste vague de la main, comme pour prendre à témoins les pélicans du papier-peint.

« Vos supérieurs, mes subordonnés. Sans compter les ouvriers dont le passe-temps principal semble être de dégringoler des échafaudages, ou les employées des fabriques de porcelaine que l'on voit tomber dans les escaliers, les bras chargés d'assiettes. Et les patrons qui déclarent les accidents du travail. Qu'adviendrait-il s'ils se liguaient tous pour faire valoir leurs droits ? Mais vous, docteur Kafka, vous savez leur parler. Au lieu de prendre notre maison d'assaut et de tout démolir, ils viennent et quémandent votre aide. M'autorisez-vous une confession ?

– Si cela avait pour conséquence...

– Non, mon petit, ne redoutez rien.

– Dans ce cas...

– Eh bien quand je vois un prolétaire aux mains calleuses brandir entre ses doigts épais l'un de vos certificats, et qu'il sait pouvoir, par votre entremise, nourrir sa famille de potage et de lait chaud, je suis fier, docteur Kafka, oui fier, n'ayons pas peur des mots, de diriger cette maison tel un pilote son vaisseau. »

Les yeux du directeur étaient embués de larmes. Kafka se trouvait sur le point de céder lorsque, sensible à sa propre rhétorique, Marschner régla l'affaire d'une question :

« Reviendrez-vous bien vite nous prémunir des tourments de la vie ?

– Je m'y engage, monsieur le directeur.

– Allons, appelez-moi simplement monsieur ! »

Kafka modela son visage comme de la cire, affichant un air outré. Il répondit avec la dignité blessée d'un homme que l'on contraint aux aveux :

« Impossible, la différence entre un directeur et ses subordonnés est trop grande. Un tel rapprochement entraînerait fatalement tôt ou tard une haine réciproque en lieu et place de l'estime. Qu'en serait-il de vos ordres, et de mon obéissance ? »

Une pareille noblesse d'âme subjugua Marschner.

« Ah, le brave garçon, je ne vous en admire que plus ! Allez donc à Paris puisque tel est votre souhait. Après tout, il faut bien que jeunesse se passe. Croyez-moi, j'en sais quelque chose ! Nous aurons l'honneur appréciable de vous retrouver dispos ! »

Robert Marschner sortit de la confrontation le cœur allégé. Et c'est sans aucune complaisance qu'il délégua l'examen des dossiers en souffrance, notamment l'épineuse affaire de la commission régionale des scieurs de bois, laissant à d'autres le soin de décider des suites que l'on jugerait convenables.

À quatorze heures tapantes, Kafka enfila un pardessus d'été, se coiffa d'un chapeau boule en feutre noir et partit rejoindre son ami Max Brod.

2. AU CAFÉ

« Tu es en retard. »

Max l'attendait à l'entrée du café Union. Il regardait sa montre. Franz n'arrivait jamais à l'heure. Une constante chez lui, à ce point fiable qu'elle en devenait métronomique. Les deux amis se voyaient tous les jours depuis pratiquement neuf ans, la situation aurait dû se régler. Ce n'était pas le cas. Franz ne ressentait aucune urgence à se précipiter vers un futur incertain, tandis que Max tenait l'exactitude pour la principale qualité de l'homme juste. Il affichait un air doucereux, Franz avait l'impression que son compagnon faisait des efforts pour ne pas lui flanquer une gifle.

Les deux hommes pénétrèrent dans l'établissement et prirent place à une table de marbre vert, toujours la même, pas loin de l'arrière-salle où l'on jouait aux échecs. Ils y passaient une bonne part de l'après-midi car l'un et l'autre étaient employés à mi-temps. Max travaillait à la section juridique de la direction des Postes. Non pas dans le grand et fier bâtiment réservé aux cadres supérieurs, mais dans ce qu'il appelait « sa captivité bureaucratique », un appartement de quatre chambres reconverti en local administratif, à la cuisine servant de débarras où s'entassaient les dossiers, et dont la tuyauterie faisait plus de boucan que les trombones de l'orphéon municipal. Sans compter les souris qui se gavaient de papier timbré. Elles répugnaient Franz car il les imaginait semblables à des cochons miniatures qui couineraient sous les lattes du plancher. C'est pourquoi il n'était jamais allé voir Max à son officine, tout en lui enviant pareil emploi sans ambition. Car Franz, pour son plus grand malheur, risquait à tout instant d'être promu, ce qui aurait contrarié ses travaux d'écriture.

D'une certaine manière, Max et Franz portaient deux masques chacun, celui de fonctionnaire et celui d'écrivain. Ces deux activités ne pouvant se tolérer, il fallait les satisfaire en alternance. Max vivait mieux que Franz l'équivoque de cette condition.

« Puis-je prendre la commande de ces messieurs ? »

Comme à son habitude, František Patera avait surgi de nulle part. Franz et Max sursautèrent. Le garçon de café les toisa, l'air crâne, satisfait de son effet. Un sourire mauvais s'étirait sous le triangle isocèle qui lui tenait lieu de nez.

Max consulta longuement la carte puis finit par répondre :

« Un café.

– Choix judicieux. Et pour monsieur ?

– Une eau minérale », répondit Franz.

František Patera approuva en hochant plusieurs fois la tête. L'incendie de ses cheveux roux, mal éteint sous un flot de brillantine, lui donnait l'air d'un Lucifer à pourboires.

« Autrement dit, messieurs, la même commande que d'habitude. Votre régularité force l'admiration. »

Patera s'éloigna en sifflotant.

« Prague rend mauvais tous ceux qui y habitent », pesta Max.

Il ne supportait pas le garçon, pourtant une gloire locale, situé au firmament de l'aristocratie des serveurs. Selon l'opinion commune, Patera avait supplanté son rival de toujours, Morgante, le nain qui régnait en despote au café Arco, pourtant détenteur d'une formidable collection d'images pornographiques. Une victoire acquise depuis peu, du jour où Patera avait mobilisé toute l'attention du grand Alfred Kubin, de passage à Prague.

Max et Franz étaient présents ce jour-là. Nourrissant une admiration sincère envers le romancier et illustrateur autrichien, Max avait anticipé la rencontre. En vue de combler ses manques abyssaux en matière de peinture moderne, il comptait poser un certain nombre de questions, notamment sur *Le Cavalier bleu*, groupe d'artistes que Kubin venait de fonder avec Vassily Kandinsky.

Il n'avait été questions que de laxatifs.

Comment le sujet était-il venu sur la table ? Probablement par la faute de Franz qui souffrait de constipation et l'évoquait sans gêne. Aussitôt, la face jaunâtre et maussade de l'Autrichien s'était animée :

« Une véritable malédiction, le tribut à payer aux temps modernes. Jeune homme, quel remède préférez-vous ?

– Eh bien, ma foi… dit Franz, soucieux de répondre au mieux.

– J'ai entendu parler de peintres que l'on appelle les Fauves russes.

– Max, s'il te plaît… »

Kubin frappa des deux poings sur la table.

« C'est vrai, quoi, mon vieux ! Laissez parler votre ami ! »

František Patera se mêla alors au débat :

« Messieurs, puis-je en toute modestie vous faire part de mon humble expérience ? »

Kubin approuva avec force :

« La nature humaine est en chacun identique, mon brave. Je vous en prie, faites !

– Pour le pratiquer aussitôt que l'occasion se présente, je conseille sans réserve le laxatif Regulin.

– Regulin, dites-vous ?

– Précisément celui-ci.

– Et en quoi s'avère-t-il remarquable ? s'enquit l'Autrichien.

– En ce qu'il agit de façon mécanique, à la différence des autres laxatifs dont l'effet chimique est malsain.

– Vous en avez trop dit, ou trop peu ! »

Yeux tournés vers le plafond, comme à l'écoute d'un commandement supérieur, le garçon de café précisa :

« Les laxatifs ordinaires ne font que déchiqueter les excréments, puis les projettent contre la paroi intestinale où ils demeurent accrochés. Tandis que le Regulin consiste en une algue pulvérisée qui gonfle les boyaux et leur communique des mouvements vibratoires. »

Alfred Kubin avait barré d'un trait fébrile le nom du médicament en travers d'un croquis au fusain, tandis que Franz, ravi de l'information, la consignait dans son petit carnet. L'Autrichien avait promis d'essayer le Regulin au plus vite et, s'il donnait entière satisfaction, ce dont à l'évidence on ne pouvait douter, d'en vanter les vertus *via* un témoignage qu'il publierait dans la *Neue Freie Presse*, l'un des plus grands quotidiens viennois. Puis il s'était écrié « Champagne ! » en invitant Patera à leur table. Quelqu'un avait demandé l'heure, se souvenait Max, probablement lui.

Ses funestes pensées se dissipèrent lorsque Franz posa sur la table une mince brochure titrée *Le Français sans peine*. Les deux amis avaient décidé d'apprendre cette langue, après le désastreux séjour à Paris du mois d'octobre précédent, durant lequel ils n'avaient réussi qu'à s'égarer dans la capitale et à excéder les gens. Fort heureusement, songeait Max après coup, dans les quarante-huit heures suivant leur arrivée, Franz avait connu une terrible attaque de furonculose éruptive qui les avait contraints à rentrer par le premier train. Loin de s'en attrister, Max avait trouvé dans l'infortune de son ami une forme de revanche. N'avait-il pas entendu Franz pérorer, durant des mois, sur Louise Bailly, sa nourrice belge qui lui parlait français lorsqu'il avait quatre ans ? Et qu'en était-il vraiment de ces leçons particulières, si sentimentales, avec une préceptrice de français ? Cette langue, pour Franz, symbolisait l'éternel féminin, Max ne risquait guère de l'oublier. Ils devaient l'apprendre, pas moyen de faire autrement.

« Vos consommations », annonça Patera qui avait pris son temps.

Les deux amis s'étaient donc réunis une fois par semaine avec la ferme intention de progresser. Jusqu'au jour de novembre 1910 où ils avaient assisté au consulat de France à une causerie sur Alfred de Musset. La conférencière, une femme d'âge mûr, ne cessait de s'interrompre pour mendier l'approbation du consul Paul Claudel. Celui-ci suffoquait, pareil à un poisson en grande souffrance, échoué sur les rives de l'inspiration. À maintes reprises il avait tenté de prendre congé, s'éloignant tandis que l'experte dévidait son fil, avant qu'elle ne le ramène, happé par le lyrisme d'un hameçon. Nul poète ne peut résister aux vers.

Ce soir-là, Franz et Max avaient pris conscience de deux choses. D'ici l'été suivant ils ne pourraient maîtriser toutes les finesses de la langue ; mais pour rêvasser en terrasse ou acheter deux places à l'Opéra-Comique, *Le Français sans peine* suffirait. Par-dessus tout, ils aspiraient à prendre le large.

« Que faire d'autre à Prague que se taire, supporter et attendre ? Il n'est pas de ville au monde à laquelle on aimerait autant tourner le dos quand on y habite », déclarait souvent Max.

En fait une citation de Gustav Meyrink. Toute l'élite intellectuelle lui vouait une authentique vénération et l'appelait le Grand Homme. Franz pouvait presque entendre claquer les majuscules. Celui que l'on tenait pour un vénérable maître prodiguait sa sagesse au café Continental. Il s'exprimait d'une voix à peine perceptible, obligeant les initiés à tendre l'oreille. Franz ne partageait pas l'admiration générale et tenait Meyrink pour un vieux roublard. La mystique lui coulait par les trous de nez comme une vilaine sinusite, tandis qu'il mélangeait ridicule et hautes aspirations, tel un habile joueur de bonneteau. Du reste, celui que l'on croyait momifié dans le génie avait étendu ses entourloupes aux banquiers et hommes d'affaires, pour finir par se carapater de la ville après avoir été impliqué dans un monumental scandale financier. Sans que Max, et d'autres, ne cessent de l'admirer. Sa disparition avait créé un vide que rien ne parvenait à combler. Depuis, la vie culturelle semblait morne, vide. C'est pourquoi Max souhaitait s'éloigner, au moins pour un temps.

« Je vais finir mon service », annonça Patera.

Franz régla l'addition, c'était son tour. Lui aussi avait envie de partir. L'une de ses sœurs, Gabriele, attendait un enfant. L'événement se serait vite fondu dans le quotidien, comme un sucre dans du thé chaud, si leur père n'avait décidé de s'associer avec son gendre, Karl Hermann, un négociant. Ensemble ils venaient de créer une usine d'amiante, la Prager Asbestwerke Hermann & Co., dans la banlieue de la ville, précisément à Žižkov. L'entreprise employait vingt-cinq ouvriers et s'enorgueillissait d'un moteur à essence de trente-cinq chevaux qui actionnait quatorze machines. Là encore, pas de quoi fouetter un chat si le père n'avait décidé un soir que Franz devrait travailler tous les après-midis à la fabrique.

« Pourquoi moi ?

– En vois-tu un autre ? avait répondu M. Kafka en tournant la tête de tous côtés, guettant d'éventuels remplaçants qui se seraient tenus dans l'ombre, autour de la table du dîner.

– Karl ?

– Il vendra nos produits et sera donc toujours en déplacement. Sans compter que le bébé arrive dans trois mois.

– Et vous, père ?

– Je serai au magasin. Bon sang, Franz, tu as pourtant la vie facile ! Oublierais-tu qu'à l'âge de dix ans je poussais une carriole de village en village, sans vêtements chauds en hiver, avec des plaies aux jambes et la faim au ventre ? »

Franz n'admettait pas que, par décret paternel, il puisse être estimé heureux. Et pourtant il s'était senti pris au piège. « Pourquoi t'es-tu laissé faire ? » lui avait demandé Max. Parce que toute l'existence de son père tenait jusqu'alors entre son appartement et le magasin. En créant l'entreprise, il lui avait semblé découvrir un nouveau continent. La fabrique était son Amérique, Franz n'avait pas eu le cœur de ternir sa joie. Et puis il désirait plus que tout faire plaisir aux siens. C'est pourquoi n'évoquait-il qu'une « légère hostilité théorique » en présence de Max, qui n'était pas dupe.

Afin de se préparer à son futur emploi, Franz avait pris plusieurs fois le tramway. Il remontait l'artère commerçante en avalant son ennui, puis passait sous les arches métalliques de viaducs avant d'arriver en banlieue, une zone plantée de cheminées d'usine d'où s'échappaient des panaches de fumée grasse, aux rares maisons agglutinées les unes aux autres, pareilles à des enfants effrayés et couverts de suie. Chaque retour lui avait causé un profond soulagement.

Il commencerait en novembre. Mais pour l'heure, toutes les contrariétés resteraient à Prague, Paris s'offrait à eux.

« Je dois repasser chez moi, prendre ma valise, dit-il à Max.

– Je comprends. L'apporter au bureau eût été inconvenant, tu ne voulais pas faire languir tes collègues. »

La nouvelle rendit toutefois Max nerveux. Franz sourit, sachant ce qui attendait son ami.

3. CHEZ LES KAFKA

Franz et Max empruntèrent la Zeltnergasse où se trouve la chapellerie Hess qui les comptait comme clients. Le propriétaire était accoté au seuil. Ils se découvrirent, mais le vieux Hess ne leur rendit pas leur salut. Ses yeux allaient de melon en melon. Un regard lourd de mauvaise conscience, comme si l'artisan regrettait de leur avoir vendu ses créations. Peut-être nourrissait-il encore du ressentiment à l'encontre de Max. Lors de sa précédente visite dans l'échoppe basse de plafond où régnait en permanence un demi-jour, ce dernier avait passé commande d'un panama. L'homme de l'art, qui faisait de la simplicité d'allure un credo, avait failli s'étrangler :

« C'est d'un chapeau dont vous me parlez ?

– En effet.

– Qui vient d'où ?
– De l'Équateur.
– Et c'est où ?
– En Amérique du Sud.
– Quoi, vous voulez que je vous tresse une coiffe d'emplumés ? »

La situation avait ensuite dégénéré. Ignorant à l'évidence qu'il s'était passé deux ou trois choses dans le Nouveau Monde depuis les sacrifices humains, le vieil homme n'avait rien voulu entendre, et s'était même décomposé en apprenant que les Péruviens raffolaient des chapeaux melons. « C'est la mort de toute ma vie », avait-il murmuré dans un souffle.

Les deux amis gagnèrent l'Alstädster Ring. Ils passèrent devant le lycée et l'hôtel de ville, en prenant soin de se tenir à distance du magasin de M. Kafka, commerce en gros qui faisait des articles de fantaisie. Franz ne souhaitait pas croiser son père avant le départ. Cela, afin d'épargner à l'un comme à l'autre le cérémoniel d'adieux qui seraient forcément convenus. Ils gagnèrent ensuite la rivière Vltava. Une fois sur le pont, Franz contempla un long moment les reflets qui, du fait des remous à la surface, donnaient l'impression d'être lacérés au rasoir. Des enfants plongeaient du quai, s'égayaient dans l'eau et, sur les pentes verdoyantes menant au Belvédère, quelques jeunes gens lisaient ou flirtaient en prenant le soleil. L'austère Prague éprouvait les joies de l'été.

***

La famille Kafka demeurait dans Josefstadt, au 36 Niklasstrasse, un bâtiment moderne que les habitants du quartier surnommaient « Le bateau ». Franz et Max entrèrent dans la cage d'ascenseur, direction le troisième étage. Durant le trajet, Max lut l'avis punaisé au-dessus du panneau à boutons : *Il est interdit aux enfants de moins de quatorze ans d'être en possession d'une clef d'ascenseur*. Max parcourait ces lignes à chaque fois qu'il venait, sans pour autant les mémoriser. Son esprit, bourré comme un entrepôt de littérature et de philosophie, paraissait réfractaire au simple bon sens. À moins que cela eût quelque chose à voir avec Ottilie Kafka.

La plus jeune sœur de Franz, que les siens surnommaient Ottla, était une pure beauté. Teint mat atavique, visage harmonieux, tignasse noire emmêlée que retenait non sans mal un peigne, voire une simple pince à linge, elle avait un corps de trapéziste. Ses parents s'en étaient bien sûr avisés et, depuis qu'elle travaillait au magasin, l'obligeaient à porter des vêtements sombres ainsi qu'une longue blouse d'employé. Ottla égayait cette mise sévère d'un châle aux couleurs criardes qui lui donnait l'air d'une Tzigane, dont elle avait le bagout et la langue acérée. Au point que même Hermann, pourtant souverain en sa demeure, disait de sa fille qu'on ne pouvait pas lui parler sans qu'elle vous saute au visage.

Max, pour une raison qui lui échappait, était sa tête de Turc. Lorsque Franz l'invitait à dîner, Ottla s'esclaffait à chaque fois qu'il ouvrait la bouche, lui balançait même des boulettes de pain, quand le père n'était pas là. On riait autour de la table, cela n'avait rien d'agréable, Max se sentait humilié. Devant son air pincé, Mme Kafka faisait mine de rabrouer sa fille, avec toutefois une lueur de fierté et d'envie dans les yeux. « Ottla est si indépendante, tellement espiègle », disait-elle non pour l'excuser, simplement pour rappeler une vérité simple, telle l'eau mouille.

L'ascenseur parvint à destination. En s'engageant dans le couloir qui menait à l'appartement, Max sentit son estomac chavirer. Il fixa l'ange en plâtre du palier, au nez usé et noirci, tandis que Franz ouvrait la porte. Ottla se trouvait à l'entrée du salon. Elle était vêtue couleurs d'automne, d'un chemisier et d'une longue jupe, et portait de hautes bottines lacées. Max fut une fois de plus frappé par sa prestance. On aurait dit un chérubin, non pas le poupon potelé et fessu cher à la Renaissance, mais l'un des terribles princes qui gouvernaient les cieux. Sa beauté, et dans une moindre mesure celle de Franz et de leurs sœurs, venait du père qui, là aussi, dans le hasard de la distribution naturelle, parvenait à imposer son caractère.

Max gargouilla ce qui devrait passer pour un bonjour. En réponse, Ottla darda son regard sur lui, leva lentement le bras gauche, index tendu, et soudain s'écria :

« Karabontara ! »

D'abord, Max ne perçut rien, hormis un battement d'ailes, puis soudain vit le canari domestique voleter en tous sens avant de se poser sur le doigt d'Ottla comme s'il s'agissait d'un perchoir.

Franz applaudit de bon cœur.

« Tu as vu ça ? Il a fallu des jours à ma sœur pour mettre au point ce tour. Voilà aussi pourquoi je voulais qu'on vienne ! »

Max souffla, rassuré de n'avoir pas été victime d'une mauvaise farce.

« Quelle charmante attraction ! » dit-il en tendant la main.

Ottla la serra comme s'ils entamaient une relation d'affaires.

« C'est curieux, monsieur Brod...

– Quoi donc ?

– Sous votre nez, la chenille morte. »

Par réflexe, Max passa vivement le dos de sa main au-dessus de la lèvre supérieure avant de se rappeler que, depuis bientôt trois semaines, il se laissait pousser la moustache. Il renifla, à la fois magnanime et condescendant.

« Sachez, jeune demoiselle, que cela donne l'air anglais.

– C'est laid d'être poseur.

– Voilà qui n'est pas très gentil.

– Désolée, je ne suis pas de celles qui câlinent. »

Franz suivait avec joie l'échange. Ainsi que le canari qui, moins concerné toutefois par les affaires humaines, prit son envol et alla se percher sur le vaisselier.

« Mademoiselle, n'auriez-vous pas un fiancé à tourmenter ?

– Le tourment n'appartient pas aux gens qui s'aiment. Cher monsieur Brod, vous avez le don de dire tranquillement des paroles sans contenu.

– Je ne vous suis pas...

– Pourquoi devrais-je me définir uniquement au travers d'un fiancé ? S'il existe une justice, dans une autre vie, les femmes feront la loi et les hommes enfanteront. »

Max rit, avant de comprendre qu'il ne s'agissait pas d'une plaisanterie.

« Enfin, mademoiselle, vous devrez un jour fonder une famille !

– Il semblerait que nous n'ayons pas les mêmes soucis. »

Les mots manquaient à Max. Fort heureusement, madame Kafka vint le tirer d'affaire.

« Allons, laisse donc notre ami tranquille, dit-elle sur un ton de douceur raisonnable.

– J'espère, monsieur Brod, que notre petite conversation ne vous a pas été intolérable, dit Ottla en inclinant sèchement la tête pour prendre congé.

– Elle n'avait aucune intention blessante, fit Mme Kafka en s'adressant à Max. Comment allez-vous ? »

D'un caractère agréable, Mme Kafka vivait dans la résignation, de telle sorte que, sans atteindre le bonheur, elle n'était pas malheureuse. Mme Kafka était faite pour une vie qui durerait toujours, lisse et respectable comme le luisant des meubles. Et si parfois il régnait au 36 Niklasstrasse une atmosphère digne de la tour de Babel, tous parlant la même langue mais plongés en pleine confusion, Mme Kafka savait y mettre bon ordre. Lorsque les tâches domestiques lui laissaient un peu de temps, elle faisait des réussites. Chaque valet du jeu de cartes lui rappelait un oncle de Franz. Le jeune homme au bâton évoquait forcément Nathan qui, après s'être pris un coup sur la tête, était devenu fou. Le valet aux pièces d'or valait pour Alfred, l'oncle de Madrid, qui vivait dans une pension de famille distinguée et très chère, à cinquante francs par jour. Tous les soirs, il dînait à la table d'un secrétaire de l'ambassade de France et d'un général d'artillerie. Mais il était célibataire et mourrait probablement seul. Le valet d'épée ressemblait à Siegfried, médecin à l'esprit tranchant comme un scalpel, toujours à demander quand Franz se déciderait à reprendre le magasin. Enfin il y avait le valet de coupe, l'oncle Rudolf, timide et modeste. Buvant jusqu'à la lie les reproches de son père, aimé de sa mère, malgré son âge Rudolf dépendait encore de ses parents. Le père de Franz le tenait pour l'idiot de la famille. Mme Kafka trouvait que Franz lui ressemblait beaucoup. Celui-ci n'aimait pas trop qu'on évoquât Rudolf. Les réussites de sa mère sonnaient pour lui comme un aveu d'échec.

Mme Kafka avait préparé un kouglof. En dépit de leurs protestations, les deux amis en emportèrent deux belles tranches dans la chambre de Franz soit, comme il la désignait, le « quartier général du bruit ». En général, il ne s'agissait que de sons sourds mais ils suffisaient, selon Franz, à couvrir l'appel du talent. Certes, on entendait ce qui se passait dans la cuisine attenante, mais l'endroit était plutôt calme, Max trouvait qu'il exagérait. Son regard fit le tour de la pièce. Près de la porte, une bibliothèque, un lavabo. Le vélo calé contre la grosse valise près du lit, une reproduction du *Laboureur* d'Hans Thoma au-dessus du bureau en vieux bois noirci par les ans, sur lequel étaient posés un miroir à barbe, une brosse à habit, un presse-papier de Karlsbad, le *Droit romain* en deux volumes et le moulage d'une petite statuette antique, une ménade simplement vêtue d'un voile aux plis délicats, qui brandissait une tête de bœuf décapité. Les tiroirs du meuble débordaient de boutons pour faux cols, de crayons à la mine cassée et de cartes postales. Ottla en prit une et s'en servit pour se curer les dents.

« Je ne vous ai pas entendu rentrer, dit Max.

– Ma sœur ne tient pas en place. Mère dit toujours qu'il faut faire le guet pour l'attraper. »

Franz sourit à sa sœur qui, en retour, exhiba la carte postale au coin sévèrement corné et surmonté d'une particule de kouglof.

« Vous m'en enverrez une ? Avec une jolie vue, pas l'horrible papier à lettres de votre éditeur. »

Franz et Max échangèrent un regard. L'éditeur leur avait donné rendez-vous, ils allaient être en retard !

Franz saisit la valise, fit tomber son vélo, manqua de partir sans chapeau. Ottla le lui vissa sur la tête.

« Passez par l'arrière ! » cria-t-elle en ouvrant la porte du fond.

Les deux amis déboulèrent dans la cuisine. L'employée, maîtresse des lieux bâtie comme un docker, hurla et les menaça d'une spatule. Max tenta de la convaincre qu'elle ne faisait que rêver tandis que Franz embrassait sa mère.

Lorsqu'ils furent partis, Ottla déposa un baiser sur le front de la petite ménade, magie conjuguée d'une Praguoise de dix-huit ans et d'une vierge grecque. Ainsi, de loin, elle protégerait son frère.

Une mesure qui, comme les jours suivants allaient le démontrer, ne serait pas prise en vain.

4. CHEZ L'ÉDITEUR

Depuis qu'il séjournait à Prague, Ernst Rowohlt buvait son bicarbonate de soude par baquets. À cela deux raisons : les petites saucisses chaudes, spécialité locale que l'on consommait avec du pain beurré, et l'outrecuidance imbécile de Fritz Mauthner.

Pour les saucisses, le jeune éditeur savait ne devoir s'en prendre qu'à lui-même. Il en allait tout autrement de Mauthner, à l'origine de ses pires aigreurs d'estomac. Le critique littéraire, natif de Prague où il avait suivi des études de droit et publié ses premiers textes, s'était fendu d'une déclaration à l'emporte-pièce dont on ne mesurait pas encore les effets dévastateurs : « L'allemand de Prague est une langue de papier », tout juste bon à rédiger des rapports administratifs.

Ernst Rowohlt sentit une remontée acide lui brûler l'œsophage. Eh bien, il en vendrait du papier, imprimé en bon et bel allemand, qui plus est sur place ! L'éditeur avait quitté Leipzig, le temps d'un été, et loué pour vingt couronnes par mois un local à l'angle de la Stefangasse et de la Gerstengasse, face à l'arrêt du tramway, afin de dénicher à Prague de nouveaux talents.

Rowohlt sortit de sa poche un mouchoir aussi large qu'une voile de vaisseau. Il s'essuya le visage, constamment rougeaud et couvert de transpiration. En misant contre l'avis de Mauthner et des principaux critiques, il avait pris un risque. Le capital de la Rowohlt Verlag, qui ne comptait pas trois années d'existence, était déjà largement écorné et le jeune homme de vingt-quatre ans avait ponctionné une bonne part de sa fortune personnelle. Pour l'instant, sans résultat probant.

Heureusement, il pouvait compter sur Kurt Wolff. L'assistant récemment engagé, du même âge que Rowohlt, était son contrepoint physique. Grand, d'une minceur athlétique, la mèche blonde et rebelle, on aurait dit Siegfried en costume de ville. Cette beauté wagnérienne s'accompagnait d'un air insouciant, savamment travaillé. La séduction chez Wolff frappait au premier contact, puis décuplait lors d'un échange littéraire. En effet, il citait ses classiques au débotté tout en étant à la pointe de l'avant-garde. Véritable limier des lettres, chien de guerre dans la bataille des anciens contre les modernes, Wolff faisait des deux camps son terrain de jeu. Ernst Rowohlt se félicitait de l'avoir à ses côtés, d'autant que son assistant excellait dans un domaine qui lui était radicalement étranger : la partie commerciale.

Kurt Wolff n'avait d'ailleurs pas chômé. En à peine deux mois, parmi la légion d'écrivains et de poètes qui bourraient les cafés de Prague en faisant du mal-être leur fonds de commerce, il avait repéré deux plumes prometteuses. Ernst Rowohlt relut la note posée sur son sous-main, n'ayant pas encore mémorisé leurs noms. Ah, oui, voilà, Brod et Kafka.

Tous deux travaillaient dans l'administration, ce qui à première vue donnait raison à Mauthner. Le premier avait déjà publié un recueil de poèmes et deux textes de fiction dont les titres, *Mort au mort* et *Le Château de Normepygge*, ridicules et boursouflés, auraient valu pour cas d'école à proscrire si l'on enseignait les métiers de l'édition. C'en était presque touchant. Mais Wolff avait assuré à Rowohlt qu'il tenait quelque chose. Pareil pour Kafka, auteur moins confirmé cependant, à qui l'on devait seulement huit petits textes publiés trois ans plus tôt dans la revue *Hyperion* de Franz Blei, sous le titre *Contemplation*. « Pas mal du tout », avait dit Wolff, flairant la chair fraîche, l'écrivain nourri d'herbe tendre dont on ferait une bête à concours.

Cela ne coûtait rien de les rencontrer avant leur départ pour Paris, d'autant qu'ils pourraient sur place rendre service à Rowohlt.

« Ces messieurs sont là », finit par annoncer le groom.

Il prit leurs cannes et chapeaux avant de les introduire dans le bureau de l'éditeur.

« Chers amis, chers amis ! » s'exclama Ernst Rowohlt en venant à leur rencontre, bras ouverts.

Franz lui trouva l'air apoplectique.

« Au premier coup d'œil, on voit que vous êtes d'authentiques écrivains. Surtout vous, monsieur Brod. N'y voyez aucune offense, monsieur Kafka.

– Pourquoi moi ? s'enquit Max, flatté.

– La virgule d'encre sous votre nez, marque de l'artisan des lettres, effet de son labeur. »

Une moustache, songea Max en retenant son geste.

« Bien, bien », fit Rowohlt qui regagna son bureau, s'assit et invita ses hôtes à faire de même.

Max et Franz prirent place dans deux fauteuils jaunes. Les secondes s'égrenèrent sans que l'éditeur lâche un mot. Franz observa son visage au teint grenat, couvert d'un film transparent. Probablement de la sueur, bien que sa face parût exsuder une substance diaphane, pareille à celle que génère certaines larves.

Ernst Rowohlt finit par rompre le silence :

« Messieurs, j'ai un ami à Paris.

– Excellente chose.

– Pas vraiment, monsieur Brod.

– Cela devrait pourtant vous réjouir.

– L'amitié ? Elle provoque souvent l'inquiétude.

– Non, qu'il se trouve à Paris.

– Je ne saisis pas.

– Eh bien, en tant qu'ami, il est votre proche, mais assez lointain », conclut Max à la manière contournée des Praguois.

Rowohlt ne chercha pas une seule seconde à analyser ce bricolage rhétorique, et feignit d'ignorer le rire sardonique de Fritz Mauthner qui résonna dans son esprit. Au lieu de quoi, il entra dans le vif du sujet :

« Cet ami cher est à la fois amoureux des lettres et banquier. Pour certaines raisons qu'il serait trop fastidieux d'expliquer, je compte beaucoup sur lui.

– Parce qu'il est de bon conseil en matière de lecture ?

– C’est tout à fait cela, mentit l’éditeur. Or, voyez-vous, il traverse une mauvaise passe.

– Financière ? demanda Franz qu’un réflexe professionnel poussait à ouvrir un imaginaire dossier.

– Non, de ce côté-là, tout va bien. Disons que les aliénistes viennois parleraient d’une sévère dépression. »

Le silence s’installa à nouveau.

« Qu’attendez-vous de nous ? » demanda Franz.

Ernst Rowohlt partit d’un rire sec :

« Vous m’avez compris à demi-mot. Effectivement, messieurs, je sollicite une faveur. Je suis bloqué ici, puis nous devrons rentrer à Leipzig. Pourriez-vous, durant votre séjour à Paris, rendre visite à mon ami ? Afin de le sortir un peu, pour une promenade dans un parc, ou l’amener au spectacle ?

– Nous pensions nous distraire… »

L’éditeur acquiesça gravement.

« Cher monsieur Kafka, je comprends parfaitement, parfaitement, et mesure la charge qui vous est par moi imposée. Toutefois, si vous acceptez, et sachant que vous ne pouvez compter chacun que sur un salaire de gratte-papier, je suis disposé à prendre en charge les frais de votre séjour.

– À titre de compensation ?

– Disons cela, monsieur Brod. Ma maison d'édition est cependant tenue de donner à cette transaction un tour officiel. C'est pourquoi j'ai une proposition à vous faire. »

L'éditeur appuya alors sur un bouton dissimulé sous son bureau. Kurt Wolff apparut, l'air engageant, afin d'assurer la suite :

« Messieurs, nous aimerions que vous rédigiez un guide touristique.

– Un guide, à la manière du *Baedeker* ?

– Oui et non, monsieur Kafka. Nous voudrions, certes, y retrouver la même rigueur dans la précision, mais agrémentée d'un ton, d'un style, celui de vos talents conjugués.

– Deux seuls auteurs pour un livre ? C'est là une idée recherchée !

– Heureux qu'elle vous plaise, M. Brod. Deux points de vue qui se complètent, s'éclairent, s'embellissent mutuellement. Par ailleurs, et contrairement au célèbre guide mentionné par M. Kafka, il faudrait que l'ouvrage s'adresse non aux individus aisés, mais à la classe moyenne. »

Wolff s'interrompit, laissant aux écrivains le temps de la réflexion. Rowohlt les fixait, d'un air à la fois concupiscent et désespéré.

« Pour rien, finit par lâcher Franz.

– Je vous demande pardon ?

– Votre guide, monsieur Wolff, il pourrait s'appeler *Pour Rien.* »

La complexion sanguine de Rowohlt vira au cramoisi.

« Excellent, mes amis ! Vous permettez que je note ? »

Sans attendre la réponse, l'éditeur dévissa le capuchon de son stylographe, saisit une feuille à l'en-tête de sa maison, et traça en haut de page ces belles capitales :

POUR RIEN

Puis, contemplant le résultat comme si l'essentiel venait d'être accompli par ses soins, il tendit le papier à Franz :

« Tenez, il ne vous restera plus qu'à y écrire deux ou trois choses. Car vous acceptez, n'est-ce pas ? »

L'affaire se conclut d'une poignée de mains qui valait pour contrat.

5. À LA GARE

Franz et Max parvinrent à la gare de l'empereur François-Joseph Ier. L'entrée, décorée d'armoiries et de statues dans leurs niches, donnait sur le hall conçu par Josef Fanta. Vaste, bien éclairé, il avait encore l'éclat du neuf et suscitait la fierté des Praguois. Les deux amis slalomèrent parmi les travailleurs du matin venus de banlieue, les vacanciers en partance ou les simples portefaix, afin de gagner le bureau d'enregistrement. Là, ils confièrent leurs bagages au commissionnaire.

« Ne perds pas le reçu », dit Franz à Max en jetant un œil à l'horloge.

Ils avaient tout le temps. Max se rendit au kiosque à journaux pour faire le plein de lectures. Il prit un exemplaire du *Tagblatt* et du *Bohemia* mais délaissa le *Prager* car le but, après tout, était de s'éloigner de la ville.

À propos d'éloignement, où était passé Franz ? Max balaya la foule du regard, agacé, et finit par le repérer près d'un distributeur de bonbons.

« Que fais-tu ? » lui demanda-t-il en le rejoignant.

Franz était en arrêt face à une guérite où se tenait un jeune homme, tel un bernard-l'ermite dans son abri. Une pancarte indiquait qu'il s'agissait du comptoir des Chemins de fer de l'Est.

« Je souhaite prendre une assurance-vie, finit par répondre Franz.

– Maintenant ? Mais pourquoi n'en as-tu pas pris une auprès de ta propre compagnie ? »

Franz lui lança un regard outré.

« Te moucherais-tu dans la déontologie ? Jamais je ne pourrais gruger une maison qui protège les travailleurs, cela pour couvrir mes vacances.

– Admettons, mais n'es-tu pas assuré ?

– Enfin, Max, tu nages en pleine déraison, évidemment que je le suis !

– Dans ce cas, où est le problème ?

– Ma police ne couvre pas les accidents ferroviaires. »

Max partit d'un rire incrédule.

« Toi, si soucieux de ton travail, tu n'y penses que maintenant ?

– Pas du tout, répondit Franz en affichant un air de comploteur. Laisse-moi t'expliquer. »

Ils s'éloignèrent de quelques mètres afin de ne pas être entendus de l'employé. Celui-ci, indifférent, lisait *La Vie parisienne*.

« Viens-en au fait, chuchota Max, gagné à son insu par l'atmosphère de mystère.

– L'homme que tu vois travaille pour les chemins de fer français.

– Soit, mais...

– Ne comprends-tu pas qu'il est pour nous une double mine d'informations ? Par lui, nous apprendrons ce qui est nécessaire concernant les risques liés aux transports. D'autre part, ses lectures témoignent qu'il en sait long sur les mœurs de la capitale. »

C'était de bon sens, Max devait en convenir, même si cela lui coûtait. Restait pourtant une objection :

« Dresser une police d'assurance prend du temps. »

Franz répondit, sûr de lui :

« Aucun risque de louper le train, car nous avons affaire à *cet* employé.

– Comment peux-tu en être aussi certain ?

– Parce que cela fait trois semaines que je repère les lieux. J'ai consigné toutes mes observations. Deux employés occupent alternativement ce poste. J'ai noté la fréquence et la durée de leurs pauses, la manière qu'ils ont de traiter chaque cas qui se présente à eux, le temps moyen consacré à une transaction, qu'elle porte sur un individu ou une famille, et cela à différents moments de la journée, selon qu'il y ait affluence ou pas, qu'il pleuve ou qu'il fasse beau. Or il apparaît sans contestation possible, même en tenant compte de variables imprévues pouvant occasionner une marge d'erreurs, que ce jeune homme fait montre de la plus impeccable célérité. »

Max prit le temps d'ôter ses bésicles, d'en essuyer les verres avec son mouchoir, puis de les remettre en place avant de déclarer :

« Allons-y. »

L'homme délaissa la rubrique *Clubman* en les voyant arriver. Il sourit, découvrant des dents qui, partant à l'aventure sur un plan presque horizontal, lui donnaient l'air d'un râteau.

« Puis-je vous poser une question ? demanda Franz.

– Vous venez de le faire. »

Max gémit. L'employé avisa sa nervosité. Il redevint sérieux.

« Messieurs, j'ai pour tâche de mettre à votre portée des services qui, d'ordinaire, ne peuvent être obtenus qu'au terme de démarches fastidieuses.

– Nous sommes en partance pour Paris.

– Donnez-moi vos billets », asséna-t-il, d'autorité.

Franz s'exécuta. L'assureur entreprit de les examiner avec un soin tel que Max s'attendit à le voir se visser à l'œil une loupe de bijoutier.

« Vous comptez voyager en première classe, conclut l'expert.

– C'est ce qui est imprimé en gras. »

Ignorant Max, l'employé s'adressa à Franz :

« Les compartiments des premières sont réservés aux crimes.

– Comment cela ?

– Une sorte de champ d'attraction. La richesse attire les malfrats.

– Mais nous ne sommes pas au Far West ! » s'écria Max.

L'homme se pencha par-dessus le comptoir, dents en avant.

« Gangsters ou anarchistes, le crime ne désarme jamais. À ceci près que le bandit ferroviaire est particulièrement redoutable, car il s'adapte à son milieu, suivant en cela la loi de l'évolution qui voit le vivant composer avec son environnement.

– Que voulez-vous dire ? » relança Franz, intéressé.

L'assureur répondit doctement :

« Le pilleur de train agit vite, sous l'influence de la machine. Aucun geste inutile, il dévalise à l'économie, comme une mécanique bien huilée, améliorée par l'usage.

– Merci de nous en avertir, dit Franz.

– Je ne pouvais taire ce fait sans être bourrelé de remords. Et puis il y a le reste.

– Jusqu'à maintenant, vous avez répondu avec adresse. Je vous en prie, poursuivez.

– Avez-vous envisagé l'hypothèse du déraillement ? »

Max luttait contre une irrépressible envie de se ronger les ongles qu'il avait au ras de la lunule. « Néfaste habitude », lui disait souvent Franz. Celui-ci ne perdait pas un mot de l'assureur, comme s'il écoutait un oracle détaillant les événements à venir. Tant bien que mal, Max raccrocha à leur échange comme un wagon de queue au convoi :

« ... c'est pourquoi je crains la fumée dans mes bronches, parut conclure Franz.

– Tudieu, qui serais-je pour vous en blâmer ?

– Nos vacances pourraient tourner au désastre.

– Ne les laissez pas se transformer en fabrique à regrets.

– Que préconisez-vous ?

– De me laisser faire.

– J'ai confiance, étant moi-même du métier.

– Vraiment, monsieur ? lança l'employé en posant la main sur son cœur. Dans ce cas, considérez que la partie financière de cette transaction n'est qu'une modalité vulgaire, un passage obligé mais méprisable, et qu'il s'agit bien plutôt là d'un service confraternel ! »

Franz se tourna vers Max.

« J'ai annulé nos places de première. Trop dangereuses.

– Mais, et notre compartiment couchettes ? »

Ils allaient être en retard, Max se retint d'objecter plus avant. L'employé des Chemins de fer de l'Est rédigea la police en un temps record.

Les deux amis se précipitèrent en direction du quai. La locomotive les attendait, machine en cuivre poli d'où s'échappait un panache de fumée blanche. Elle était entourée de mécanos et de graisseurs, pareille à une jolie dame à qui des prétendants feraient une cour assidue. Franz et Max coururent à perdre haleine le long du convoi, composé d'un tender, d'un fourgon postal, de compartiments à bagages et de marchandises, et enfin d'une dizaine de voitures pouvant emporter cinq cents voyageurs.

Les contrôleurs attendaient à hauteur du wagon-restaurant. Franz s'adressa à eux. L'un des hommes en uniforme de la compagnie sourit à son collègue avant de préciser :

« Non échangeables, ni remboursables. Si vous voulez aller en seconde, faut acheter les billets. Dites, z'auriez pas parlé au type des assurances ?

– Oui, pourquoi ?

– Comme ça. »

Max régla la somme en lançant un regard meurtrier à Franz. Ils prirent place dans un compartiment à banquettes, déposèrent leurs sacs de voyage dans des filets en résille et purent enfin respirer. Le chef de train remonta le convoi en s'arrêtant devant chaque marchepied, pour demander aux voyageurs de bien fermer les châssis des portières.

Le sifflet donna le signal du départ. Lui répondit, complice, celui de la locomotive, avant que le train ne s'ébranle dans un fracas d'usine et grincements de pistons.

6. DANS LE TRAIN

À travers la vitre, Franz comptait les poteaux, ou suivait des yeux les fils du télégraphe. Les repères, horizontaux et verticaux, faisaient comme des cadres en mouvement. Ils venaient renforcer, ou atténuaient subtilement, l'étendue délimitée par la fenêtre. Un espace à la fois clos et ouvert que le train traverserait d'une droite dont Franz serait un point. Quelle chose à la fois merveilleuse et inquiétante, songea-t-il, de se retrouver dans un entre-deux mobile, constamment reconduit.

Un employé de la compagnie ouvrit la porte du compartiment. Il préleva une bouillotte sur le plateau d'un chariot et la lança de toutes ses forces. Elle rebondit contre la vitre, faisant sursauter Franz.

« Ma... mais, qu'est-ce qui vous prend ?

– 'Mande pardon. »

L'homme fit une légère grimace en soupesant la seconde bouillotte. On aurait dit un athlète concourant au lancer d'une discipline olympique. Franz évita de peu le projectile dont le caoutchouc se déchira en heurtant un accoudoir. L'employé referma la porte, satisfait, tandis que l'eau se répandait en glougloutant, tiède et monotone.

Max ne s'était avisé de rien. Sa tête dodelinait au mouvement régulier du train. Heurts et soubresauts valaient pour berceuse. Il finit par s'assoupir et se retrouva presque aussitôt à Rome. Ce n'était pourtant pas leur destination. Les rêves, en ces affaires, ne sont pas avares de changement. Max s'en accommoda et loua une chambre dans un charmant petit hôtel, à quatre lires la nuit. Il dormit bien, empilant sommeil sur sommeil, mille-feuille qui serait fait de songes. Parfaitement reposé, Max entreprit de visiter la ville. Il arpenta ses rues dont le pavé était vernis de couches sacrées, pour certaines plusieurs fois millénaires. Assez vite, il se rendit à l'église Santa-Maria in Cosmedin. Le temps de faire le tour de l'édifice et il se retrouva face à la Bocca della Verità. Max resta un long moment à contempler l'énorme visage sculpté dans le marbre, une face hirsute aux yeux agrandis par la fureur ou l'angoisse, à la bouche grande ouverte. La tradition affirmait que si un menteur y introduisait la main, elle serait aussitôt dévorée. Les Praguois ne sont pas gens à craindre la superstition. Max gloussa en glissant ses doigts dans l'ouverture.

Une douleur soudaine, terrible, irradia de ses ongles à l'épaule.

« C'est donc que t'en louperas jamais une ! »

Max se réveilla en sursaut. Un garçon de cinq ans lui mâchonnait les phalanges, le regard empreint de défi.

« Ignatz, veux-tu bien laisser tranquille le monsieur ? »

La tête du gamin partit sur le côté, déjetée d'une calotte à la nuque. Les mâchoires tinrent bon, Max crut qu'il allait défaillir. La gifle suivante parvint à desserrer l'étau.

Max étouffa une plainte en détaillant les marques de dents qui faisaient comme de minuscules crevasses en sillons. Ses yeux cherchèrent Franz, il n'était pas là, puis se portèrent sur la grosse femme qui riait de bon cœur.

« Y a pas idée, franchement ! Vous savez, à c't'âge, c'est de la viande qui vit, il me fera mourir avant l'heure ! »

On voyait tout de suite chez elle que le caractère enjoué n'était qu'une façade. Le rire, perché trop haut de deux tons, pouvait à tout instant voler en éclats. Max se l'imagina maraîchère. De celles qui, au cours d'une émeute, s'arrachent le corsage pour exhiber leurs mamelles face aux baïonnettes des forces d'oppression. Une mère dont le martyre ferait de sa saleté de fils un orphelin en dettes qu'il ne pourrait jamais acquitter. Une forme posthume de reconnaissance.

Soudain, Ignatz éclata en sanglots. Ses pleurs s'amplifièrent jusqu'à devenir des braiments de mulet. En réponse, l'hilarité de sa mère redoubla, agitant ses replis. Max songea à un golem de saindoux qu'un rabbin distrait aurait modelé puis amené à la vie.

« Mais non, grosse bête, j'te dispute pas ! »

Bavant de rire, elle ôta le linge qui recouvrait un panier en osier. Il était empli de victuailles sur lesquelles reposaient deux bouteilles de vin blanc au long col. Ignatz recouvra aussitôt son calme. Il lampa la première bouteille puis rota.

Au signal, sa mère sortit trois œufs durs, un pilon de poulet, un bocal de cornichons confits dans du vinaigre, une bonne longueur de boudin, un fromage de tête et un petit pot de raifort. Ainsi que deux côtelettes de porc, brandies en une parodie probablement inconsciente mais sans nul doute blasphématoire de Moïse exhibant les Tables de la Loi.

Les choses sérieuses commencèrent. Mère et fils bâfraient sans que rien ne puisse les détourner de leur tâche, pas plus leurs battements de cœur, rythmés comme des tambours africains, que les flots de transpiration, torchés d'un revers de manche. Max était au supplice. Les bruits de succion lui vrillaient l'esprit, il avait l'impression d'être à son tour aspiré jusqu'au moindre filament de son système nerveux.

La torture ne cessa qu'une fois le dessert englouti ; une *linzertorte*, nappée de crème fouettée. Alors, comme dans une pièce de boulevard aux effets scéniques parfaitement synchrones, le chef de train annonça depuis sa cabine :

« Prochain arrêt, Radotin ! »

Mère et fils se figèrent, avant d'être saisis de frénésie. L'un tira les rideaux donnant sur le couloir, l'autre couvrit de déchets le théâtre des opérations, soit leur banquette et un bon bout de celle dévolue à Max plongé dans un mutisme effaré.

« Radotin ! Radotin ! » scandaient-ils en éclusant ce qui restait de vin blanc jusqu'à ce que le train rentre dans le tunnel. Alors la femme ouvrit la fenêtre. Sous l'effet conjugué de la vitesse et de l'appel d'air, tronçons, trognons, pelures et couennes voletèrent en vrille dans le compartiment, en sortirent puis firent un retour joyeux comme une compagnie théâtrale renouant avec les tournées en province.

Il y en avait partout, ainsi que de la suie et des escarbilles. Le train décéléra en vue de son entrée en gare. Ignatz et sa mère se postèrent devant la porte donnant sur les voies, attentifs à la diminution de vitesse. Max comprit qu'ils s'apprêtaient à descendre avant l'arrêt à quai.

« Vous ne pouvez partir en laissant tout ce désordre, que va dire le contrôleur ? »

Les bajoues de la femme tremblèrent d'indignation. Le sang afflua à sa face convulsée lorsqu'elle s'exclama :

« Des nèfles ! Les gens du chemin de fer traitent les voyageurs pire que du bétail galeux. Faudrait en plus dire merci ? Non, ça jamais ! On leur doit rien, monsieur, absolument rien ! »

Après quoi ils sautèrent. Au vu de leur excellente réception, ils n'en étaient pas à leur premier essai. Max referma la porte quand le contrôleur apparut, suivi de Franz.

« En voilà un travail de chrétien ! »

Max fixa tour à tour l'employé et son ami jusqu'à ce qu'il finisse par comprendre.

« Ce... ce n'est pas moi ! »

Le contrôleur se tourna vers Franz.

« Vous voyez quelqu'un d'autre ?

– Non, et je ne sais trop quoi dire. »

Avisant l'air outré de son compagnon, Max sentit les ailes de l'injustice le couvrir comme un manteau. Il tenta une diversion :

« Où étais-tu passé ?

– Ce monsieur était au wagon-restaurant, intervint le contrôleur. Il ne se délecte pas de glandée, comme certains !

– Mais enfin, monsieur le contrôleur, vous ne pensez tout de même pas que je me vautre là-dedans par plaisir ? Je vais vous expliquer...

– Je sais tout ce que j'ai besoin de savoir », dit l'employé en se tapotant l'arête du nez d'un air entendu.

Il tira de sa besace un carnet à souche, humecta de la langue la pointe de son crayon et dressa une amende. Franz s'acquitta de la somme. Le contrôleur lui délivra un reçu tout en écrasant Max d'un regard méprisant.

« Nous ne pouvons voyager ici, fit Franz.

– C'est tout à fait juste, monsieur. Toutefois, comme vous le savez, il reste deux places dans le compartiment couchettes.

– Ce sont les nôtres ! glapit Max.

– C'étaient, précisa l'employé en continuant de s'adresser à Franz. Vous les avez annulées.

– Par ta faute ! lança Max à son compagnon.

– Monsieur, je vous prie de ne pas faire d'esclandre, sinon il me suffira d'un coup de sifflet pour faire rappliquer la police de Radotin. Ce ne sont pas des tendres, j'y prendrais assurément plaisir.

– Combien pour les places ? » demanda Franz.

Max fit la tête durant la première nuit dans le wagon-lit, puis les choses finirent par se calmer.

Le reste du voyage se déroula sans histoires. Du moins, presque. À Lugano, Franz fut l'objet d'un curieux phénomène de dédoublement. Résidant à l'hôtel Belvédère du Lac, qui rappelait fatalement Prague et son Belvédère près de la Vltava, Franz ressentit une curieuse sensation d'ubiquité, eut l'impression de ne pas être parti de chez lui tout en étant ailleurs, situation qui ne comptait que des désagréments. Ses plaintes incessantes gâtèrent le séjour de Max.

Le choléra les attendait à Milan. Les deux amis engouffrèrent par poignées des pastilles Leone qui pleuvaient dans leur bouche comme des grêlons. Bien que totalement inefficaces, elles faisaient l'haleine mentholée.

7. L'ARRIVÉE

Franz et Max parvinrent à Paris le vendredi 8 septembre 1911. À peine avaient-ils posé un pied sur le quai qu'ils furent assaillis par de curieuses sensations, celles pourtant ordinaires qui composent le quotidien, mais subtilement modifiées, comme si la ville les préparait à de nouvelles impressions. Chaque capitale a sa couleur et son parfum, dit-on. Infidèles à Prague le temps des vacances, Paris leur faisait des avances, les poussant à commettre une sorte d'adultère citadin dont ils conserveraient un souvenir exquis. « Ce qui arrivera ici restera ici », fit Max, à l'évidence persuadé qu'ils allaient fréquenter bien mieux que le cotillon ordinaire.

Un commis les conduisit à une salle d'attente spéciale, le temps de récupérer leurs bagages. Max se dirigea vers le présentoir à journaux mis gracieusement à la disposition des usagers. On y trouvait les principaux titres français et étrangers. Franz s'assit sur un banc. Quelqu'un y avait oublié une brochure, *Le Livret des voyages circulaires*, imprimée par la Compagnie de l'Est.

Franz ne l'ouvrit pas, craignant d'être déçu. Le titre seul suffisait à l'emporter ailleurs. Il s'imagina pris dans une boucle ferroviaire où chaque périple se répéterait à l'identique, encore et encore, peut-être à un changement près, qu'il faudrait alors repérer. L'accumulation de ces infimes modifications finirait par altérer le réel au point que le voyageur n'aurait plus l'impression de tourner en rond. Un peu comme dans la vie de tous les jours, en somme, puisque...

« Tu peux cesser de rêvasser ? »

Max se dressait devant lui, statue du Commandeur lisant le *Figaro*.

« Qu'y a-t-il ?

– Jette donc un œil. »

L'édition datait de la veille. Franz découvrit le titre à la une avant de se plonger dans l'article en pleine page. Il n'était question que du vol de la Joconde. Un suspect venait d'être incarcéré à la Santé. Lors d'une perquisition à son domicile, 37 rue Gros, la police avait trouvé des dessins et des tableaux. On le soupçonnait d'appartenir à une bande spécialisée dans le trafic d'œuvres d'art.

Max déclara, l'air sombre :

« Je crains que cela contrarie notre séjour.

– Pourquoi ? Nous n'avons rien à nous reprocher...»

Franz vit un index frôler son nez et s'abattre sur l'avant-dernier paragraphe.

« Lis ça.

– Voyons... L'homme travaille dans une banque.

– Remonte plus haut.

– Il est poète et chroniqueur à *Paris-Journal*. Certes, sa situation d'employé et d'écrivain est comparable à la nôtre, mais franchement, je ne vois là rien d'inquiétant. »

Max contint avec peine son agacement.

« Qui te parle de ces choses ? J'aimerais que tu sois un peu plus attentif.

– À quoi ?

– Son nom.

– Wilhelm Apollinaris de Kostrowitsky ?

– Alors ?

– Je ne connais pas.

– Moi non plus, on s'en moque ! L'important est qu'il s'agit d'un Polonais.

– Et ?

– Autrement dit, d'un Allemand. Eh bien oui, parce que pour les Français, tout ce qui s'exprime avec trop de consonnes vient forcément d'Allemagne. »

Le désastre de Sedan n'était pas si loin, l'affaire Dreyfus divisait encore les familles. Cette arrestation risquait d'éveiller les sempiternelles rancœurs, ce qui n'allait pas arranger leurs affaires.

Le préposé revint avec leurs bagages. Contrarié, Max tarda un peu à retrouver le bulletin d'enregistrement délivré au départ, qu'il avait tout simplement rangé dans sa poche gauche de gilet, avec son stylographe.

Ils se présentèrent ensuite à un fonctionnaire des douanes.

« Quelque chose à déclarer ?

– Non.

– Comestibles et boissons ?

– Certainement pas ! » assura Max qu'une clémente amnésie, effaçant les visages d'Ignatz et de sa mère, aurait bien soulagé.

Le douanier défit les sangles des bagages, les examina sans zèle et y apposa un signe à la craie. Pour la somme de cinquante centimes, un porteur en blouse bleue se proposa de les charger dans l'omnibus à six places qu'occupaient déjà deux militaires. Attentifs à ne pas parler, Max et Franz ne goûtèrent que modérément leur première traversée de Paris.

8. À L'HÔTEL

Le Sainte-Marie, situé à l'angle de la rue de l'Arbre-Sec, comptait soixante chambres. L'établissement venait d'être rénové. Les travaux d'aménagement lui avaient permis de s'extraire du limon des hôtels de quatrième zone, ce que proclamait fièrement le détail des services disposé à l'entrée :

Entièrement transformé et remis à neuf
Électricité à tous les étages
Cabinet de toilette et salle de bains
Water-closet attenant à la chambre
Petit déjeuner du matin
Repas entre 1,50 et 4 francs
Demi-pension pour 11 francs par jour, arrangements pour familles.

Franz et Max se présentèrent au comptoir. Il n'y avait personne. Le timbre aigrelet de la sonnette, convoqué trois fois, impulsion courte, courte, puis finalement continue, fit apparaître le réceptionniste, un homme fort, visage lourd aux épais méplats, cheveux lustrés à la moelle de bœuf et portant une chemise sans col.

« Ces messieurs désirent ?

– Nous avons réservé deux chambres.

– À quels noms ? »

Franz déclina leurs identités avant que Max ait pu l'avertir. L'homme ouvrit un épais registre, s'humecta le pouce, tourna les pages jusqu'à parvenir à celle du jour, fit descendre son index le long d'une colonne, jusqu'en bas.

« J'ai pas ça.

– Comment cela ?

– Je ne vois pas ces noms. »

Franz se tordit le cou afin de vérifier par lui-même. En effet, les seuls clients attendus ce jour se nommaient Richard Garta et Christophe Nowy. En provenance de Prague. Fameuse coïncidence ou simple équivoque, Franz opta pour une approche prudente, ce que n'aurait pas manqué de lui conseiller une personne raisonnable, sa mère par exemple. Il choisit ses mots avec soin :

« Nous avons réservé il y a trois mois, je puis vous l'assurer. »

Max toussota. Les yeux mi-clos derrière ses paupières lourdes, le réceptionniste toisa Franz. Il fit tourner le registre afin de le lui présenter.

« Voici ce qui est écrit.

– Une confirmation nous est parvenue par courrier », insista Franz.

La toux de Max dégénéra en quinte.

« Pouvez me la présenter ?

– Bien sûr. Max ? »

Le visage franc et ouvert, celui-ci se rapprocha du comptoir.

« Je crois que le malentendu est de mon fait. Laissez-moi vérifier. Voyons, ah, oui, Nowy et Garta. Vous allez rire !

– Quand on me dit ça, je flaire l'embrouille. »

Max émit un rire forcé.

« Non, non, pas du tout ! Voyez-vous, il se trouve que je suis écrivain.

– Mince de chic !

– Merci. J'avais en charge les réservations. Démarches qu'il m'a fallu effectuer sur le temps que j'alloue à l'écriture. Vous allez assurément goûter le piquant de l'affaire.

– Dites voir.

– Au plus fort de ma fièvre créatrice, j'ai confondu nos noms et ceux de mes personnages. N'est-ce pas cocasse ? »

Le concierge gonfla à pleins poumons son torse en baril puis expira, projetant des effluves de tabac, rosette de Lyon et café au lait.

« Je ne coupe pas là-dedans. »

Devant la mine interdite des deux hommes, il précisa :

« Dans ma profession, on en voit des qui veulent vous en faire gober tout chaud. Raison pourquoi je ne peux me fier à vos bonnes mines, sauf votre respect.

– Il suffit de nous donner les chambres de Garta et Nowy.

– Et si ces messieurs se présentent ? »

Max fixa le concierge, les yeux désorbités.

« Impossible, puisque je vous dis qu'ils sont le fruit de ma création !

– Vrai ? En voilà une bien bonne !

– Ne pourriez-vous faire un geste ? gémit Max.

– Je ne suis pas autorisé à distribuer des grâces », fit le réceptionniste en levant les yeux au ciel, comme pour quémander l'approbation de sa direction.

Ils n'arriveraient à rien. Franz décida d'intervenir.

« Pouvons-nous louer deux chambres ?

– Ah, ça ! C'est pas moi qui peux le dire !

– Je ne comprends pas...

– Ben, y a que vous qui savez si vous en avez les moyens ou l'envie ! »

L'homme, l'air madré, au fait de son importance, avait le bagout du portier dans *Macbeth*, prêt à envoyer paître le diable lui-même sous ses divers noms, n'ouvrant qu'à son bon plaisir.

« Deux chambres à huit francs, s'il vous plaît. Pour dix jours. »

Franz signa un chèque de voyage qu'il lui remit, assorti d'un pourboire. Magnanime dans la victoire, le concierge leur alloua des chambres attenantes au cinquième, communiquant par une double porte, avec une belle vue depuis les balcons. Toilettes au fond du couloir. Les deux amis se trompèrent d'étage mais finirent par arriver à bon port.

***

Franz dormit mal cette nuit-là. De nature insomniaque, il avait espéré trouver du repos à l'extérieur de Prague, ailleurs que chez ses parents, en dehors de sa chambre. C'était sans compter les couleurs du silence, qui variaient d'un endroit à l'autre, aussi perturbantes que le bruit. Alors il avait ouvert la fenêtre et s'était enfoncé des tampons d'ouate dans les oreilles, afin de recréer les conditions de ses nuits ordinaires. Rien n'y fit, il se trouva éveillé à quatre heures du matin. Franz laissa divaguer ses pensées. Elles se répandirent comme une brume avant de se figer autour d'un château, en rongèrent la pierre jusqu'à dissoudre ses murs pour ne laisser place qu'au silence.

Pas moyen d'y échapper. Sous l'effet de la fatigue, Franz eut l'impression de se dédoubler tout en rêvant éveillé. « Je dors à côté de moi », songea-t-il en se demandant s'il ne faudrait pas, dès l'aube, louer une seconde chambre pour son propre usage, au cas où il se réveillerait en complet décalage avec son corps. Ce sont des choses qui arrivent.

« Debout, Franz ! »

Apathique, la gorge sèche, il croassa en réponse à Max. La migraine le tenaillait, une tension dans la moitié gauche de son crâne, comme si on lui avait enfoncé, autour de l'œil et jusqu'à l'occiput, un tube d'acier qui raclait la paroi osseuse au moindre mouvement.

« Dépêche-toi de faire un brin de toilette, Paris nous attend ! »

Franz se sentait incapable de marcher. Il alluma la lampe Pigeon et se planta face au miroir, la mine chiffonnée. Il en fit jouer chaque muscle, frontal, orbiculaire ou zygomatique, jusqu'à reconstituer son visage. Cette gymnastique faciale lui permettait, tous les matins, de modeler une apparence consensuelle, où chacun pouvait le retrouver.

Franz prit le broc et versa de l'eau dans la cuvette émaillée. Suivirent de longues ablutions tandis que Max tambourinait à la porte. Incapable de se vêtir à la hâte, Franz prit soin de choisir des vêtements élégants mais qui ne le feraient pas remarquer. Un dernier coup d'œil au miroir. Parfait.

« Tu en as mis du temps ! »

Ils descendirent prendre le petit déjeuner. Le réceptionniste de la veille avait laissé place à un jeune homme aux yeux de chouette qui semblait frappé d'égarement. Il parut difficilement admettre que l'on eût enregistré des clients en son absence. Après avoir vérifié leurs numéros de chambres, il consentit tout de même à les servir.

Le beurre d'une tartine rappela à Franz celui qu'il goûtait, enfant, les dimanches après-midi chez ses grands-parents. La déception de ne pas connaître une saveur typiquement parisienne s'accompagna d'une bouffée nostalgique. Un étonnement triste mais tranquille qui s'estompa bien vite lorsqu'il prit un croissant.

9. DANS LA RUE

Au premier jour Franz et Max flânèrent, activité si parisienne qu'ils adoptèrent d'occasion. Les deux amis se voulaient passants, ici mais déjà ailleurs, conformes à leur condition provisoire de touristes. Ils entreprirent donc de marcher au rythme sûr mais discret d'un pas en vacances. Fondus dans la java d'existences hâtées ou ralenties, les promeneurs durent composer avec un lot inattendu d'impressions.

Paris leur apparut comme rayée. Franz traça sur son carnet quantité de hachures, horizontales et verticales valant pour cheminées, passages cloutés, bec de gaz, jalousies, jambes des chaises, rails du tramway et grilles de balcons. Observant le gribouillis, Max crut y déceler un quadrillage essentiel, l'âme orthonormée de la cité. L'énorme jeu de jonchet posé sur le Champ-de-Mars confirma ses vues.

« Voici la plus parfaite expression de ce repère cartésien. Après tout, la tour Eiffel est uniquement composée de raies. »

La ville exhibait toutefois certaines rondeurs, telle la place Vendôme dont la disposition tenait à distance les choses attrayantes. Le regard glissait de vitrines en devantures pour ne capturer que des reflets. Le fond, indistinct, était cependant agrémenté ici et là de quelques accroches, telles la boutique Seligmann et ses objets d'arts anciens, ou la parfumerie Pinaud. Meubles miniatures, minuscules flacons, l'une et l'autre semblaient présenter, du fait de l'éloignement, des accessoires pour maisons de poupées.

L'œil en surcharge, la vigilance émoussée, sans compter que marcher dans Paris vous disloque les jambes, Franz et Max firent halte dans un café pour consommer des boissons fraîches.

« Je vous mets dehors », fit le serveur, déclenchant une méprise alors qu'il souhaitait simplement les faire profiter du soleil.

Installés à une table comme au spectacle, jambes croisées pour en essorer la fatigue, ils observèrent la cohue en gaieté ou morose, cette précision dans le rapport humain qui sans cesse calcule sa façon d'être. Les Parisiens, que l'on tient à tort pour blasés, ne cessaient de changer d'attitude. Franz repéra un terrassier au ventre barré d'une ceinture écarlate qui lui donnait l'air officiel. L'homme s'employait à desceller des pavés. Sa besogne ne l'empêchait pas de siffloter, le nez au ciel, et même parler à vide, pour quelques mots toutefois saisis par les badauds. Il s'en suivait un échange éphémère. Soudain, l'ouvrier parut fixer Franz. Il recula sa chaise, craignant que l'homme se méprenne, qu'il tienne son relâchement pour une manifestation d'ennui alors que tout dans Paris l'enchantait. Le regard du terrassier finit par se détourner. Rassuré mais la gorge sèche, Franz éclusa d'un trait sa menthe à l'eau.

« Si nous y allions ? dit-il à Max.

– Tu me parais bien pressé.

– J'ai entendu parler d'un passage commercial, rue des Petits-Champs, où l'on trouve un excellent magasin de confiseries.

– Pourquoi pas ? Je commence à avoir faim. »

Ils reprirent donc la marche sous le ciel azuré des boulevards. La boutique de l'Enfant Gâté présentait un choix sans pareil de délices en bocaux. Déployant une sollicitude de nourrice à l'égard de ses jeunes clients étrangers, la vendeuse toute en foufelle composa un assortiment coloré pour en emplir deux cornets.

Franz et Max dégustaient les bonbons sous une porte cochère lorsque l'incident se produisit. Déboulant à fond de train rue Gaillon, une énorme automobile heurta le tricycle d'un garçon pâtissier. Le commis partit dans les airs avant de retomber sur la chaussée dans un entrelacs de bras et jambes, tant il était long et semblait fait de caoutchouc.

« Ah ! Le beau malheur ! » s'écria une femme en tablier.

La collision venait égayer sa mi-journée. Elle se porta vers le livreur qui se releva d'un bond, comme par ressort. Sans blessure mais ébaubi, la lèvre pendante, il fixait le coffrage du tricycle défoncé et sa roue avant, tordue en 8. Le conducteur descendit à son tour afin de constater les dégâts, une simple éraflure au pare-chocs.

« Tudieu ! Une telle inconscience, ça n'a pas de nom ! » tonna l'automobiliste qui portait lavallière et costume de prix.

Balançant entre son bon droit et la crainte du riche, le commis hésita avant de risquer :

« Je vous demande bien pardon, mais...

– Quoi ?

– C'était à mon tour de passer. »

Le conducteur rugit en moulinant des bras.

« Non mais vous l'entendez le mal-doué ? En plus, il s'offre d'être insolent ! Ma parole, on ne se refuse rien ! »

Une foule commençait à se rassembler, que vinrent grossir les passagers descendus d'un omnibus.

« Il y a eu des morts ? demanda un nouveau venu.

– Non, juste de la carambole, répondit la femme au tablier.

– Dommage, ça aurait été farce ! »

Un homme-sandwich faisant réclame pour Marius Heng, 33 rue Bergère, spécialisé dans le postiche artistique, perruques et toupets hygiéniques, fit deux ou trois fois le tour de la scène puis s'en alla, comme de rien.

Quelqu'un suggéra que l'on appelle un agent. Il se présenta cinq minutes plus tard, en pèlerine par ce beau temps, souffrant de la chaleur et esseulé, car d'ordinaire les sergents de ville vont par deux. Son collègue se coltinait en bout de rue avec un vendeur à la sauvette. L'agent s'enquit de l'affaire, pour le plus grand plaisir du parterre. Les témoignages contradictoires lui ébouriffèrent le képi.

« C'est la faute au bourgeois !

– Plutôt du tricycle !

– Je voudrais vous y voir à conduire une auto !

– Faut dire que le gamin pédalait comme un furieux. On aurait dit Gustave Garrigou, vainqueur du Tour !

– Mes aïeux, sa livraison est par terre, si c'est pas dommage...

– Et comme de juste, les riches cassent le pain et on ramasse les miettes ! »

L'agent tridula du sifflet afin d'imposer le calme.

« Tout ça, c'est bien embêtant. Va falloir dresser un constat », dit-il en tirant de sa vareuse carnet et rogaton de crayon.

Le policier consigna la version de l'automobiliste, tandis que le commis se tenait en retrait, soumis et souffrant en silence. Franz et Max le virent courber la tête lorsque l'agent lui demanda le nom de son patron.

« Si je vous le dis, il va me fiche dehors...

– On me signale des catastrophes, alors mon gars, faut bien que quelqu'un paye. »

Le livreur s'exécuta, acceptant avec courage les charges de la vie.

Franz et Max étaient toujours là lorsqu'un charroyeur vint prendre livraison du tricycle, bon pour la casse. Au moyen de cordes, il l'arrima à son percheron, une bête à la fois puissante et placide, terrienne des quatre sabots, aux fers battant le pavé, dont les muscles roulaient sous la peau. Il prit congé en expulsant une bonne mesure de crottin. Très vite, le fumet couvrit les odeurs de crème brûlée et de tartelette au citron, parfums de la collision.

10. AU BOIS DE BOULOGNE

Franz dormit à nouveau mal. Il se retrouva coincé dans une grande maison en fer qui produisait un bruit de klaxons et des crissements de freins. Ce vacarme le maintenait constamment dans un demi-éveil sans qu'il puisse cependant sortir de la structure. Elle était composée d'un encastrement de fiacres, d'omnibus à impériale et même d'un tricycle cabossé. À l'aube, un homme à la face dépourvue de traits, en uniforme de contrôleur, lui détailla d'une voix monocorde les différentes correspondances, précisant à chaque fois le tarif du ticket. Lorsque Franz ressentit le besoin de vérifier sa monnaie, il était l'heure de se lever.

Différentes parties de son corps conspiraient contre lui. Il souffrait d'un mal de crâne, qu'accompagnait une sensation de vertige, et peinait à respirer. Ses poumons semblaient comprimés. Franz s'obligea à tousser pour dissiper la gêne, sans véritable effet. Il versa de l'eau dans la cuvette en émail. Une toilette vivifiante ne suffit pas à rattraper le manque de sommeil. Il allait devoir cuver sa fatigue toute la journée.

Franz descendit au salon pour prendre son petit déjeuner. Max se trouvait déjà attablé. Il lisait le journal.

« Bonjour Max.

– Bonjour Franz. As-tu mal dormi ?

– Oui, et toi ?

– Je te conseille les petits pains au miel. »

Le garçon de salle vint prendre sa commande en traînant des pieds.

« Café ou thé ?

– Juste du lait. Glacé, s'il vous plaît. »

Franz reconnut à son air égaré le jeune homme qui tenait la réception durant la journée.

« Monsieur est-il sûr, pour le lait ? »

Son haleine fouaillait la carie.

« Oui, pourquoi ?

– Dame ! Il n'y a rien à dire contre le lait froid, mais ici on le sert très chaud. »

Max abaissa son journal afin de se mêler à l'échange :

« Bouillir le lait ou non, voilà bien un dilemme.

– C'est que le chauffer tue les microbes. Enfin, c'est mon idée.

– Sachez, mon brave, que d'autres la partagent, approuva Max avant de replonger dans sa lecture.

– Monsieur est bien aimable », fit le garçon d'un ton doucereux.

Après quoi il se suçota une molaire, attendant la décision de Franz. Celui-ci déclara d'une voix dont le manque de conviction le surprit lui-même :

« Jamais je n'ai été quelqu'un qui veut s'imposer à tout prix. Le lait qui n'a pas chauffé donne plus de force, mais n'étant pas têtu je le bois aussi bouilli.

– Auquel cas, par parenthèse, vous pouvez attendre qu'il refroidisse.

– Merci, ce sera parfait. »

Une fois seuls, les deux amis décidèrent du programme de la journée. Ayant eu la veille leur lot de trafic, ils allaient se mettre au vert.

Franz et Max prirent deux places en seconde sur la ligne 1 du métro, descendirent porte Maillot et firent le reste du chemin à pied jusqu'à la porte des Sablons. Ils passèrent les grandes grilles en fer forgé pour se rendre en premier lieu au Jardin d'Acclimatation, à l'angle nord-ouest du Bois. L'entrée en coûtait un franc, une jolie somme qui comprenait toutefois la visite du Jardin

Zoologique. Ils visitèrent le Palmarium, la grande serre de plantes exotiques, mais négligèrent le pavillon des oiseaux pour se rendre directement à la ménagerie. La rotonde des singes ne les retint qu'un instant. Il y avait quelque chose de désespéré dans l'agitation des primates, comme un brusque coup d'arrêt de l'évolution, l'équivalent d'une soirée au café-Concert. Plus intéressante était la partie consacrée aux animaux féroces.

Tels des belluaires qu'équiperaient chevalet, palette et pinceaux, une dizaine de peintres se tenaient en demi-cercle devant la cage au tigre. Franz et Max se rapprochèrent. L'animal mesurait bien trois mètres pour environ deux cents kilos et provenait du Bengale, comme l'indiquait une plaque. Sa fourrure orangée était striée de rayures. Elles semblaient glisser, pareilles à des coulées d'encre. Les barreaux de la cage projetaient leur ombre sur le fauve. Franz en ressentit de la peine, jusqu'à ce qu'il remarque un tableau. Son auteur, un grand costaud moustachu aux cheveux plaqués avec la raie au milieu, portant un bourgeron constellé de taches colorées, s'était affranchi de tout réalisme. Le tigre avait la tête déjetée, distante de son corps tubulaire dont les rayures laissaient place à une superposition de triangles qui flottaient dans du blanc.

« Cela ne ressemble certainement pas à un tigre », susurra Max à l'oreille de Franz.

Pourtant il était parfaitement représenté, bien plus que dans les barbouillages d'amateurs ou les exécutions académiques. En tordant le modèle, déjà déformé par sa captivité, l'artiste lui rendait une noblesse sauvage, sa puissance d'origine. Franz aurait bien aimé féliciter l'artiste mais il craignit, par son compliment, de vexer les autres peintres. Leur reprocher un manque de talent ou d'ambition aurait été brutal et pire, inconvenant, alors qu'ils étaient peut-être uniquement là pour goûter aux loisirs du dimanche.

En sortant du Jardin Zoologique, les deux amis prirent à droite du Pavillon chinois et empruntèrent la route de Suresnes.

« C'est la promenade favorite des Parisiens, précisa Max. À moins que ce ne soit l'Allée de Longchamp. Peu importe, toujours est-il que le monde élégant s'y donne rendez-vous. »

Longue de huit cents mètres, elle menait au Carrefour du Bout-des-lacs, l'un des plus beaux sites du Bois. On y trouvait des barques à louer. Franz, qui était excellent rameur, s'enquit des tarifs auprès d'un homme debout sur la rive basse. Bâti en force, vêtu d'un pantalon de coutil et d'un simple maillot de corps, il tenait une cigarette pincée entre le pouce et l'index, au creux de sa paume afin de la protéger de l'eau.

« Cinquante centimes la demi-heure, puis vingt-cinq pour chaque quart d'heure supplémentaire. »

Max paya pour une heure. Franz ôta son blazer, remonta ses manches. Il dénoua le lien d'amarrage puis se servit d'un aviron comme d'une perche pour éloigner l'embarcation du bord. La barque quitta son mouillage. Franz ramait en mesure, tirant sur les avirons, avant de les replonger dans l'eau. La barque glissait d'un lac à l'autre, deux points d'eau artificiels alimentés par le canal de l'Ourcq. Parvenu au carrefour des Cascades, Franz laissa l'embarcation dériver le long des pentes de la rive ouest. Les deux amis s'abandonnèrent à une douce rêverie, bercés par le clapotis de l'eau contre la coque. La surface du lac, à peine ridée par l'étrave, frissonnait sous une légère brise. Lorsqu'il se sentit proche du sommeil, Franz rétablit sa route d'un coup de rame et gagna une petite île sur le Lac Inférieur. L'embarcation racla contre la berge, Franz et Max enjambèrent le flanc de la barque avant de mettre pied à terre. Un chemin longeait le lac, d'où partait un sentier délimité par de petites bordures à arceaux. Les deux amis s'y engagèrent et parvinrent à un chalet qui faisait buvette-restaurant, à la terrasse surmontée de lampions. Les deux amis s'assirent sur des bancs. Max se félicita qu'ils aient des dossiers.

« Un banc sans dossier donne l'impression désagréable d'un monde inachevé », dit-il avant de commander un bock de bière, tandis que Franz prenait une grenadine à l'eau de Seltz.

Depuis leur position, on pouvait distinguer le club des boulistes et, à l'extérieur du Bois, au loin, le Luna Park ainsi que sur les boulevards des automobiles qui allaient nulle part.

Franz et Max ne s'étaient pas avisés qu'ils parlaient en tchèque. Jusqu'à ce qu'une famille entière, voisine de bancs, les fixe avec étonnement.

« Curieuse espèce d'étrangers, pensent-ils sûrement. Notre tchèque doit leur sonner comme du chinois », plaisanta Max.

Franz manqua s'étrangler de rire. L'eau de Seltz lui remonta dans le nez, comme un bonheur mousseux.

« Dneska to nebylo špatný », dit-il à Max qui approuva.

En effet, ce n'était pas mal aujourd'hui.

11. AU LOUVRE

Franz et Max patientaient dans la file des visiteurs. Ils se tenaient face aux guichets du Pavillon Denon, non loin d'un groupe de jeunes filles anglaises. En attendant l'ouverture, elles achetaient des cartes postales ou lisaient le *Baedeker*.

« Nous devrions songer à notre projet de guide touristique, dit Max.

– Et quand irons-nous voir l'ami de notre éditeur ?

– Oh, je ne trépigne pas d'impatience à l'idée de fréquenter un neurasthénique. Nous le ferons un jour ou deux avant notre départ. »

Il en coûtait souvent à Franz d'être d'accord avec Max. Cela exigeait d'incessantes concessions qui le faisaient souffrir. Mais pour l'heure, les deux amis partageaient le même point de vue. Ils étaient en vacances.

Les portes finirent par s'ouvrir. Le groupe de visiteurs fondit comme sous l'effet d'un dissolvant. Une classe d'écoliers s'égaya dans les différentes parties du musée, les Anglaises prirent le chemin de la galerie Mollien, tandis que Max et Franz gagnèrent la salle des Prisonniers barbares. Plusieurs baignoires romaines y étaient exposées, dont une en porphyre.

« Fameuses installations, apprécia Max. Ce n'est pas pour rien que les Anciens parlaient de *cura corporis*.

– Et quelle contenance ! s'émerveilla Franz qui faisait grand cas des choses de l'hygiène. Te rends-tu compte de la quantité d'eau qu'il fallait pour emplir la baignoire de chaque foyer ?

– Bah, je l'imagine sans mal. C'est probablement pour cette raison que Rome était alimentée par onze aqueducs.

– Et que les habitants ont mis au point leur formidable réseau d'égouts.

– Pourquoi dis-tu cela, Franz ?

– Eh bien, pour peu que les Romains fissent leur toilette à la même heure, il fallait bien évacuer cette quantité d'eau sale.

– Ma foi, ce n'est pas faux, accorda Max. Sans parler du sang de tous ces philosophes qui s'ouvraient les veines dans leur baignoire. »

Ayant fait le tour de la question, les deux amis passèrent l'après-midi dans les galeries de sculptures et salles d'antiquités. Durant un bon quart d'heure, ils se cachèrent l'un après l'autre derrière la Vénus de Milo, cherchant à se surprendre, jusqu'à ce qu'un gardien interrompt leur manège.

Peu de temps avant la fermeture, ils gagnèrent le salon Carré. Franz était perclus de fatigue. Deux raisons expliquaient son état d'épuisement. D'une part, il n'avait pu exercer conjointement ses cinq sens, le toucher étant proscrit, comme de juste dans un musée. D'autre part, son jugement esthétique étouffait sous l'accumulation de chefs-d'œuvre. Par leur présence en un même lieu, toutes ces créations magnifiques semblaient s'annuler, réduites à de simples objets qui n'avaient plus rien d'artistique. *Le guide*, pensa Franz, *devrait insérer une mise en garde, invitant le touriste à ne s'intéresser qu'à peu de sculptures ou tableaux.*

Les visiteurs occupaient tous les bancs. Fort heureusement, une barre transversale était disposée devant chaque toile, permettant de s'y accouder. Franz prit appui sur l'une d'elles et se retrouva à contempler le vide. Du rien, que délimitait un cadre vitré. Max le rejoignit pour s'abîmer aussitôt dans la même observation. Ils fixaient l'absence de Joconde. Elle était pourtant là, comme les gens qui nous manquent s'imposent à notre esprit, un surcroît de présence par défaut.

« Ça a de l'œil, n'est-ce pas ? »

Franz et Max se retournèrent. L'homme qui les avait apostrophés était de haute taille, l'allure très correcte dans son pardessus foncé. D'un certain âge, il portait de longues moustaches et un bouc parfaitement taillé en pointe, à la mode Second Empire. L'inconnu poursuivit sur sa lancée :

« La petite escapade de Mona Lisa a coûté sa place à Théophile Homolle, le directeur du Louvre. Notez que ce n'est pas un mal, il faut y voir la juste rétribution à son incompétence. Homolle aurait en effet dû prendre des mesures suite à la précédente effraction qui visait déjà la Joconde.

– La presse n'en a rien dit », s'étonna Max.

L'inconnu haussa les épaules.

« Qu'aurait-elle pu dire d'un cambrioleur qui n'a rien souhaité voler ? Les Parisiens sont aussi surpris que vous, messieurs. Vous seriez renversés de savoir que, dans la nuit du 7 au 8 juin de l'année dernière, un certain Félicien-Auguste Guizot a déposé sa carte de visite sur le bord supérieur du tableau. Il y avait écrit à l'encre noire : "Le plaisir de la voir me suffit. Je vous la laisse." Cette preuve indicielle n'avait d'autre but que de nous narguer.

– Est-il suspecté ? demanda Franz.

– Évidemment non, puisque cette fois-ci, il y a eu vol.

– Comment peut-on être aussi sûr qu'il ne s'agit pas de lui ? insista Max.

– À cause du mode opératoire. Guizot a refait le mariole en février. Il s'est introduit dans le bureau du député de Vendée pour forcer un coffre-fort contenant des documents relatifs à notre marine de guerre. Guizot a laissé sa carte disant : "Je pensais ces secrets beaucoup mieux gardés." Il s'agit d'un esthète qui ne s'abaisserait pas à se commettre dans la vulgarité.

– La police est-elle sur une piste ?

– Les journaux ont rapporté la déclaration d'un lycéen qui aurait remarqué cinq individus à l'air louche. C'est là son expression. En fait, le gamin a inventé toute l'histoire pour faire l'intéressant et couper à une composition de géographie.

– Quelqu'un a toutefois été arrêté, rappela Max en lançant à la dérobée un bref regard à Franz.

– Apollinaire ? Je n'y crois pas une seule seconde. D'ailleurs, il va être relâché.

– Vous en savez beaucoup sur l'affaire, remarqua Franz qui n'était qu'à moitié content d'apprendre ces choses.

– Je suis le commissaire Octave Hamard, répondit l'autre comme si chacun se devait de le connaître.

– Félicitations. Pour un commissaire d'exposition, le Louvre est un bâton de maréchal, dit Max.

– Il y a méprise, cher monsieur. Commissaire divisionnaire. J'ai l'honneur d'être le chef de la Sûreté. »

Les deux amis demeurèrent interdits. Max s'entendit déclarer ces mots avant de pouvoir les contenir :

« Que faites-vous ici ? Un homme de votre importance ne peut-il déléguer certaines tâches à ses inspecteurs ? »

Hamard afficha un sourire de sphinx.

« Ne dit-on pas que le criminel revient toujours sur les lieux de son crime ? Je souhaite être là, le moment venu. »

Franz observa le commissaire aux manières si courtoises. Dans son long manteau noir, les bras pendants comme des ailes vestigiales, on aurait dit un prédateur.

12. SUR LES QUAIS

En remontant le quai des Grands-Augustins, Franz et Max virent un homme très laid, au visage bosselé d'ulcères, les vêtements d'aspect torchon. Deux femmes qui revenaient du lavoir et portaient des paniers emplis de battées encore humides se moquaient de lui à haute voix.

« Sa mère s'est assise sur sa tronche quand il est sorti du chou !

– Une tête à faire cailler le lait, tu parles d'une ruine humaine...

– Tout de même, la nature a de ses revanches ! »

Elles semblaient vouloir l'amener à bonne température, le faire bouillir pour déclencher une colère qui égayerait leur matin. Engourdi par l'habitude, il laissait dire, occupé à vider une charrette à bras. L'homme transvasait son contenu dans des petites boîtes fixées au parapet du pont. Elles débordaient de livres. Franz et Max observaient un de ces fameux bouquinistes des bords de Seine dont ils avaient tellement entendu parler. Les deux amis entreprirent d'examiner la marchandise.

À les voir ainsi, grimpés sur de petits bancs pour accéder aux rangées du fond, on aurait pu penser qu'ils nourrissaient un amour commun à l'égard des livres. Ce n'était guère le cas. Franz et Max partageaient certes une même passion pour la littérature, mais n'entretenaient absolument pas un rapport identique à l'égard des ouvrages. Max collectionnait plaquettes à tirage réduit et premières éditions, du moins autant que son salaire le lui permettait, quand Franz se souciait de tous les exemplaires d'une œuvre. Pour lui, une fois sorti de chez l'imprimeur, chaque livre était jeté dans le monde, promis à un destin particulier. Certains parvenaient entre les mains de lecteurs prévenants, d'autres subissaient la négligence de mauvais maîtres qui les tachaient de gras ou cornaient leurs pages. Sans parler de ceux qui échouaient dans des bibliothèques publiques, tamponnés puis oubliés sur les rayonnages par un conservateur indifférent qui était comme l'ange gardien de leurs limbes. Dans l'absolu, Franz aurait aimé, non pas posséder, mais protéger tous les livres du monde. Voir en librairie plusieurs exemplaires d'une même édition lui causait une joie comparable à celle du berger veillant sur son troupeau. C'est pourquoi il hésitait toujours à acquérir un livre. Le séparer de ses frères engendrait chez Franz maints tourments, au point que ses achats se limitaient au strict nécessaire. Il avait renoncé à en offrir, afin de ne pas imposer au récipiendaire une lecture qui pourrait bouleverser son cerveau. Trop de risques, de responsabilités, Franz privilégiait d'autres cadeaux, tel le petit caillou trouvé dans une fente entre deux pavés de la Schalengas, remis à Max lors de son dernier anniversaire. Franz l'avait invité à le garder sur lui en guise de porte-bonheur, car jamais une pierre n'ennuie ni n'attriste.

Fouillant dans les étalages du bouquiniste, Franz avisa un livre ouvert. *Macbeth* acte II, début de la scène 3. Il parcourut les lignes :

Entre UN PORTIER.
(On frappe derrière le théâtre.)
LE PORTIER
Voilà qui s'appelle frapper ! Si un homme était portier de l'enfer il deviendrait vieux à force de tourner la clef !
On frappe.

Frappe, frappe, frappe !... Qui est là, au nom de Belzébuth ?... C'est un fermier qui s'est pendu à force d'attendre une bonne récolte... Il fallait venir à l'heure ; et ayez soin d'apporter assez de mouchoirs, car vous allez suer ici pour la peine.

On frappe.

La suite était dissimulée par un exemplaire de *La France victorieuse dans la guerre de demain*, du colonel Arthur Boucher. Franz connaissait le texte de Shakespeare. Par jeu au début, puis sous l'effet d'une étrange nécessité, il tâcha de se le remémorer. Voyons, de quoi était-il question ? D'un faiseur d'entourloupes pouvant jurer sur chacun des plateaux d'une balance ; d'un tailleur anglais qui rognait sur un haut-de-chausses français. Mais surtout le portier avait tout le temps son mot à dire. Ce qui rappela à Franz le concierge de l'hôtel. Lui aussi avait réponse à tout, comme les ouvreuses de l'Opéra-Comique. Depuis leur arrivée à Paris, Franz et Max s'étaient rendus trois fois au spectacle. Lors de la première soirée, une ouvreuse mafflue avait accepté leur pourboire avec quelque hauteur, peut-être parce qu'ils s'étaient présentés en haut du grand escalier l'un derrière l'autre, comme répondant à une convocation. Le lendemain, Franz avait décidé de soutenir le regard de l'ouvreuse. Mais au dernier moment, pris de honte, il s'était fendu d'un pourboire encore plus généreux. La troisième et dernière fois, il n'y en aurait pas d'autre, une ouvreuse à l'épaisseur d'ablette s'était plainte d'être mal payée par l'administration. Franz lui avait laissé trois fois le prix d'un fauteuil d'orchestre.

Concierge et ouvreuses étaient les enfants du portier de *Macbeth*. Qui souhaitait franchir le seuil devait subir l'aplomb du gardien, éprouver son franc-parler. Chacun était à la merci de son humeur. Puis-je entrer ? Pas pour l'instant. Plus tard, peut-être ? On verra. Franz prit alors conscience que, de la même façon qu'il y avait à l'hôtel un réceptionniste de jour et un de nuit, et plusieurs ouvreuses à l'Opéra-Comique, le portier n'était peut-être que le premier d'une longue liste, empli de force mais beaucoup moins que les suivants. La porte, théoriquement accessible, demeurerait close jusqu'à la dernière question de l'ultime interrogatoire, alors qu'il aurait simplement suffi de l'ouvrir pour entrer.

« Z'achetez ou pas ? » demanda le bouquiniste.

Derrière lui il y en avait d'autres, chacun gardant ses boîtes sur toute la longueur du quai.

13. AU CINÉMA

Anciennement Cirque d'Hiver, situé sur le boulevard des Filles-du-Calvaire, le Pathé proposait un programme de trois films en sus des Actualités. Le tout pour un franc la place, à quoi il fallait ajouter dix pour cent, perçus par l'Assistance Publique.

« Le droit des pauvres, expliqua l'homme du guichet. Près de cent orphelins sont invités à la séance. Comme leur société ne fait pas l'atmosphère facile, je préfère vous prévenir. »

Le ciel annonçait de l'orage, Franz et Max étaient sortis sans parapluies. Ils entrèrent dans la salle bleuie de tabac, et prirent place au troisième rang sur des sièges de velours rouge. Le public, composé pour l'essentiel d'étudiants, de grisettes ou de couples en quête d'intimité, se répartissait inégalement entre parterre et balcons. Un homme entre deux âges, aux cheveux trop longs, rebiquant sur le col, ce qui lui donnait l'air artiste, vint s'asseoir au piano. Il contempla l'instrument avec l'air accablé du trime dur redoutant l'embauche.

« Allez Mozart, dégourdis tes doigts ! » lança-t-on dans la salle.

Des rires fusèrent, un peu forcés, comme à une plaisanterie attendue. Le pianiste égrena quelques notes qui lancèrent les Actualités. Hormis l'inauguration d'une école communale dans le Gers par Joseph Caillaux, président du Conseil, tout concernait la crise d'Agadir. Durant l'été, les Allemands avaient envoyé sur place la canonnière *SMS Panther*, en réaction à la présence française au Maroc, pourtant réclamée par le sultan Abdelhafid. D'autres bâtiments prussiens venaient de mouiller dans la baie.

Les nouvelles déchaînèrent sifflets et cris du public :

« Non mais, tu le crois ? Le Kaiser combine ses moyens !

– Le v'là qui sort tout son répertoire !

– Déjà que l'Alboche a interdit que le Tour de France passe par Metz !

– Ça pue-t-il, tout de même !

– T'inquiète, on va lui servir quelque chose de soigné ! »

La réaction des spectateurs inquiéta Max, tandis que Franz demeura placide. Ce qui défilait sur l'écran le laissait indifférent. Les vues, prises quelques mois plus tôt, renvoyaient à une réalité périmée, un peu comme la lumière d'une étoile continue de nous parvenir bien après s'être éteinte. Images mortes dont le mouvement n'était dû qu'à l'appareil du cinématographe, forçant le regard à les suivre. Franz préférait observer les grains de poussière qui voletaient dans le faisceau du projecteur. On aurait dit des homoncules.

Mal à l'aise, Max remuait sur son siège. Il finit par déclarer :

« Quelle tristesse que Français et Allemands ne parviennent pas à s'entendre !

– D'un autre côté, si c'était le cas, les chauvins ne s'y retrouveraient plus... »

Le calme se rétablit durant l'attraction de l'entracte. Marie Marseille, indiquait le programme, une beauté brune qui se produisait d'ordinaire au Ballet Incertain. Visage fouaillé de boucles noires, l'œil charbonneux, ondulant des hanches, elle entama un air à la mode, repris par la salle au refrain :

« Oh là là !
C'te tête !
C'te binette !
Oh là là !
C'te gueule qu'il a ! »

Max sourcilla. N'y avait-il pas dans cette gouaille quelque chose d'inconvenant, alors que l'on attendait d'une minute à l'autre l'arrivée d'orphelins ? Bah, après tout, qui était-il pour juger ? La joie avait effacé la colère de la salle, cela valait beaucoup mieux.

Pourtant, le directeur du cinéma lui donna raison. Au final du numéro la séance s'interrompit, les lumières se rallumèrent, le temps que s'installent les protégés de l'Assistance Publique.

La horde se répandit des tabourets aux balcons, saisie par une joie débraillée, dans un remugle de chien mouillé et de suret de dortoir. Mais aussi une odeur d'enfant, têtes de mioches sur corps robustes ou chétifs, tous chaussés de gros souliers à clous réglementaires, dans un grondement qui leurs valut un rappel à l'ordre de l'éducateur qui les accompagnait.

Il s'adressait moins aux garçons qu'à la salle, comme pour prévenir de grands dégâts.

Franz vit plusieurs gamins se regrouper autour d'un couple d'amoureux qui, aussitôt, se comportèrent en vieux mariés. Deux orphelins s'assirent à la droite de Franz. Celui qui se tenait près de lui portait un corset métallique, sans que cela semble le gêner. Gai, la figure ouverte, il produisit une brochure sous le nez morveux de son camarade, un petit noiraud frisé comme au fer :

« Elle vient de chez Hachée, le photographe du Faubourg Saint-Martin.

– Ça dit quoi ?

– Mets pas tes doigts dessus ! C'est la réclame pour l'Automatic-Détective, un 6 • X9 qui fait des instantanés.

– Ce serait fin drôle d'en avoir un ! »

L'éclairage diminua, la salle redevint bientôt obscure. Quelques accords de piano, puis apparurent les animations dessinées. La première s'intitulait *Fantasmagorie*, réalisée par Émile Cohl. Une main traça rapidement quelques lignes blanches sur fond noir, pareilles à des traits de craie au tableau, et qui se transformèrent en bonhomme. Un petit sujet farceur, trublion trapéziste qui croisait la route d'une élégante au bibi emplumé, perdait sa tête transformée en boule de bilboquet, la retrouvait pour aussitôt se faire avaler par un jéroboam de champagne, s'en libérait, glissait ensuite le long d'une trompe d'éléphant. Tout cela pour finir le corps disloqué, avant qu'Émile Cohl ne le répare, lui permettant de s'échapper du film en ballon.

Durant la saynète qui ne durait pas plus de deux minutes, Franz avait partagé son attention entre l'histoire et la salle. Bouche béante, yeux en billes de Loto, les orphelins étaient ravis. Franz lui-même se sentait ému. Cette poésie naïve lui rappelait ses propres créations d'enfance, des petites pièces interprétées naguère par ses sœurs pour les anniversaires de leur mère.

Il allait dire quelque chose à Max quand le deuxième film débuta. *Un Drame chez les Fantoches* s'ouvrait sur un monogramme, celui du dessinateur, qui éclatait comme une boule de Noël. Suivaient des farces en cascades, policier exhibant son bâton turgescent à une matrone, liquide épais et blanc répandu sur un quidam, plante en pot qui vaut pour totem, sacrifice tournant en gaudriole, badauds qui fondent dans la rue jusqu'à couler dans le caniveau, le tout rythmé par les rires de la salle. Les personnages saluèrent le public avant de se retirer.

Max murmura à l'oreille de Franz :

« On dirait du théâtre yiddish. »

En effet, cela ressemblait à s'y méprendre aux pièces jouées dans l'établissement de la rue Kozí náměstí, où la mise en scène se limitait à quelques acteurs en caftan, une table et deux chaises. De même, sous une simplicité d'apparence, les animations d'Émile Cohl déclenchaient des effets très élaborés. Franz n'en revenait pas. Subjugué, il se cala dans son fauteuil pour assister au dernier film. Rien ne l'y avait préparé.

Le Cauchemar du Fantoche était une plongée dans les ténèbres de l'esprit. Une horloge qui se transformait en personnage au rictus menaçant réveillait un dormeur. Il flottait un temps dans sa chambre, tandis que les matelas et traversins prenaient à leur tour figure humaine. Puis tout était avalé par la fenêtre, comme sous l'effet d'une brutale décompression. Une cafetière inondait le dormeur d'un liquide à nouveau blanc et épais, il grimpait aux barreaux d'une échelle, tentait d'atteindre le soleil qui se fragmentait en éclats, avant de se recomposer en cocotte de papier qui picorait l'oreille du dormeur afin de le réveiller. Loin d'être tiré d'affaire en reprenant conscience, l'homme tombait dans un entonnoir qui se changeait en papillon, puis en énorme araignée. Elle tissait sa toile en dévidant un fil qui sortait de la tête du dormeur. Celui-ci s'en emparait, l'enroulait autour d'une poulie et finissait par se pendre.

« Ça ne va pas, monsieur ? »

L'orphelin au corset métallique lui secouait le bras. Franz avait perdu connaissance.

« Monsieur, faut pas prendre ça au sérieux. C'est qu'une blague. »

Max donna quelques piécettes au garçon avant qu'il s'en reparte. Les deux amis attendirent que la salle se vide. Lorsque Franz alla un peu mieux, ils prirent un fiacre pour regagner l'hôtel.

Dans l'obscurité de sa chambre, les traits pâles reflétés par le miroir de la salle de bains, Franz eut l'impression de n'être qu'un personnage dessiné à la craie sur un tableau noir, qu'un rien suffirait à effacer.

14. AU BORDEL

Franz et Max se tenaient face au 7 rue de Hanovre. La maison, aux fenêtres cachées par des jalousies, n'était close que pour qui n'y entrait pas.

« Voici le royaume enchanté de l'amour », déclara Max avec une emphase de circonstance.

D'ordinaire, les deux amis avaient leurs habitudes au café Arco. Situé à l'angle de la Hybernská et de la Dlážděná, face à la gare Masaryk, l'établissement, tenu par Madame Goldschmidt, proposait le meilleur café de la ville. Ainsi que d'autres services dans les salons privés où, pour dix couronnes austro-hongroises, on pouvait s'offrir une prostituée habillée en marionnette de théâtre pour enfant que l'on vend à la foire de Noël.

Franz et Max passèrent la porte cochère, se dirigeant vers le fond du porche. Les bruits de la rue ne parvenaient pas jusque-là et l'on goûtait ce confort du silence, indice de discrétion. Max fit tinter la sonnette. Au bout d'un certain temps, une domestique à la mine sévère vint leur ouvrir.

Ils pénétrèrent dans le vestibule. La bonne les débarrassa de leurs chapeaux, cannes et manteaux.

« Si ces messieurs veulent bien me suivre. »

Elle les conduisit jusqu'au petit salon à l'atmosphère feutrée, et actionna un timbre qui prévint la sous-maîtresse, une dame d'un certain âge dont la mine offrait tous les gages du sérieux. Quelques questions de sa part dissipèrent d'éventuelles méprises. Les visiteurs souhaitaient du travail en chambre. La sous-maîtresse leur présenta le catalogue des prix d'amour.

Branlette :
Ordinaire (une seule main)..... 32 sous
Main droite spécifiée............ 10 sous en supplément
Avec chatouille des coulisses... 1, 75

Glougloutage :
Simple.......................... 3 francs
Avec pression de la main....... 3,50
Avec pastille de menthe (délicieuse sensation de cuisson)... 10 sous en suppléments

Baisage :
En levrette........................... 5,85
Dans le lit tout fait................ 6 (cinquante centimes de plus après minuit)
Voyage en terre brune...........4,90

Tête-bêche :
La femme sur l'homme..... 1,75
L'homme sur la femme... 3 francs
Exhibition saphique..... 5 francs

« La carte me paraît très complète, dit Max.

– Nous offrons ce qu'il y a de mieux.

– Et pour l'hygiène ? » demanda Franz.

Sa question n'offusqua pas l'hôtesse. La franchise étant un atout professionnel, elle récita :

« Vous êtes dans une maison de qualité, qu'équipe un filtre spécial afin que le calcaire de l'eau n'irrite pas nos filles lors de leurs toilettes intimes. Sans compter, bien sûr, la visite sanitaire obligatoire, chaque semaine, au dispensaire de la Préfecture. »

Impressionnés, mais soucieux de connaître chaque détail du dossier – qualité qui les faisait bien voir de leurs supérieurs –, Franz et Max risquèrent une dernière question :

« Qu'en est-il des prestataires ?

– Principalement de la Bretonne et quelques Normandes. Toutes bien nourries, les gencives rouges, signe de bonne santé. Elles sont ici de leur plein gré, vous n'entendrez pas dire autrement. On ne force personne, chacune ne navigue que sur son cul. Au départ elles sont ouvrières d'ateliers, modistes ou même repasseuses. Certainement pas des filles de brasserie ou qui donnent dans l'art lyrique !

– Nous voici rassurés, dit Max.

– Je vais vous demander d'attendre que deux clients libèrent les chambres. »

Franz et Max s'assirent dans des fauteuils tendus de chintz. La sous-maîtresse se retira, les confiant à la bonne qui leur présenta un coffret en marqueterie contenant des cigarettes égyptiennes. Max en préleva une. L'arôme du tabac, à la fois suave et épicé, embauma la pièce d'une fragrance venue d'ailleurs, promesse de douces griseries.

« Va bien au fond, j'suis pas ta mère ! » entendit-on venant du premier.

Franz risqua un œil vers la bonne qui demeura impassible. Seul le bourdonnement du timbre la tira de son immobilité. De nouveau, elle les invita à la suivre. Ils empruntèrent un escalier à la rampe en fer forgé qui les mena à l'étage. Des domestiques bâtis en force, debout sur le palier, paraissaient être là pour assurer la sécurité. Franz et Max longèrent un couloir qu'éclairaient des globes électriques, jusqu'au grand salon. Avec son piano, ses tapis épais, ses fougères en pots et sa cheminée de marbre décorée de figurines en biscuit représentant une bergère et son agneau, l'endroit affichait une respectabilité que lui auraient enviée bien des familles bourgeoises, de Limoges à Dijon. Madame les attendait, entièrement habillée de noir.

« Champagne ? »

C'était à peine une question. Une nouvelle bonne fit le service, la tenancière opta pour une chartreuse qu'elle but lentement, avec des mines de chatte, tout en posant des questions sans conséquences. Cette mécanique avait uniquement pour but de mettre les clients à l'aise. De fait, Franz et Max se sentirent presque chez eux, ce qui est une manière de dire.

« Messieurs, passons à l'exhibition. »

Ils gagnèrent le boudoir adjacent, à la décoration discrète, plongé dans une semi-pénombre. Les filles attendaient, assises sur des chaises en velours disposées en trois-quarts de cercle. Vêtues de peignoir en gaze transparente, de corsage en soie mauve ou en surah, voire d'une simple tunique échancrée, elles se tenaient bien droites afin de se mettre en valeur, ou se donnaient des poses suggestives. Au signal de Madame, elles se levèrent l'une après l'autre, sans dire un mot. Blonde, rousse, châtain plusieurs fois décliné, mais aussi les indispensables vénalités exotiques, juive ou nègre, sans lesquelles une maison n'est rien, peau satinée ou mate, tous les plaisirs s'offraient au choix. Max fit le sien, puis Franz après quelques hésitations. Il jeta son dévolu sur une brune parisienne typique dont le jeune visage au teint pâle changeait du tout au tout selon qu'on le voyait de face ou de profil. Elle était jolie au moins pour moitié, et totalement piquante.

« Allez, mon enfant.

– Oui, Madame. »

Franz la suivit dans sa chambre que meublaient un sofa et un guéridon sur lequel étaient disposés pommades en pots et flacons de parfum. Il régnait une odeur de café et de patchouli, par terre traînait une mule rose. Le lit, disposé au centre, était couvert d'un dessus de satin noir. *Afin de mettre en valeur sa peau laiteuse*, songea Franz qui observa la prostituée faire ses ablutions dans une cuvette. Lorsque vint son tour, il entendit à travers la cloison Max déclarer :

« Je veux réveiller mes sens engourdis. »

La réponse ne tarda guère :

« En gros, mais arrête-moi si je me trompe, tu veux tirer ta crampe ? »

L'échange dégrisa Franz. Imaginer son ami dans ses ébats voluptueux lui coupa ses moyens. Fête charnelle, embrasement des caresses, émoi des baisers, se changèrent en tristes étreintes. Il n'avait plus d'envies. La fille attendait, Franz ne souhaitait pas se perdre en explications, n'être à ses yeux qu'une série d'excuses. Il remarqua un petit coussin au pied du lit, sur lequel était brodé : *J'ai aimé, j'ai souffert et je hais.*

La prostituée capta son regard.

« Qu'est-ce que j'ai donc pu faire pour mériter d'être aussi malheureuse ! »

Son petit menton tremblait. Une diversion s'offrait à Franz qui demanda :

« Mademoiselle, seriez-vous peinée ?

– Laissez, monsieur. Je ne veux pas que vous soyez bon pour moi.

– Puis-je faire quelque chose ?

– Allez, ce n'est pas un gentil garçon qui pourra me sauver.

– Permettez-moi d'insister.

– Tu es sûr ? »

Le passage au tutoiement surprit Franz, lui ôtant le temps de répondre. La fille en profita pour débiter son histoire à la cadence d'une mitrailleuse Lefaucheux :

« Je fréquentais un beau gars qui était fait à mes façons, et moi aux siennes. Nous étions pétris l'un à l'autre, on faisait la bombe tous les soirs. Seulement voilà, je me suis rendue compte qu'il valait pas la monnaie du pain. Ce salaud a reluqué ailleurs, et j'ai pas su taire mes rages jalouses. »

Le cœur de Franz gonfla de tendresse, que ternissait toutefois une question :

« Dans votre profession, il y a donc de la place pour l'amour ? »

La fille parut outrée.

« Monsieur, on ne ferme pas une bouche qui veut donner un baiser avec un billet de banque. Apprenez qu'en France, et plus encore dans sa capitale, la femme conserve ses sentiments purs ! »

Franz sentit la gêne le gagner.

« Je vous prie mille fois de m'excuser.

– Y a pas offense, attendu que t'es étranger.

– Cet homme, vous le fréquentez encore ? »

Les yeux voilés de tristesse résignée, la fille poursuivit :

« Un malentendu l'a forcé à quitter la ville. Cela me fait deuil de ne plus le voir. Faut pas se narrer de tromperies, jamais je serai à un autre. Vois-tu, il m'a gâté mes joies futures, m'a confisqué tout l'amour que je pourrais avoir pour un être, y compris un enfant. Et pourtant, sans lui, le temps me dure comme à une femme enceinte. Pourquoi c'est toujours pour ma pomme ? Le cœur des autres peut aussi se briser, pour changer ! »

Franz comprit que cette discussion promettait d'être sans fin. Il se sentait honteux d'avoir basculé dans l'intime. La faute lui en revenait, pour avoir encouragé la fille à confesser ses trébuchements du cœur. Maintenant, elle se croyait libre d'occuper une part de son esprit, d'y piocher des sentiments comme dans un sac à distractions. Pourquoi la consolerait-il plus avant ? Franz décida de conclure.

« Vous semblez toutefois aller bien. »

La fille sentit qu'on arrivait en bout d'intermède.

« C'est pas comme si j'étais manucure au Régina du Touquet, mais ça va. Bon, et si on faisait ton affaire ?

– Inutile.

– T'as la mécanique ankylosée ? »

Franz palpa les jambes de la fille.

« Tu me chatouilles ! »

Une pensionnaire du café Arco avait dit un soir à Franz qu'elle ne comprenait pas ses mains. Il pressa le haut des cuisses, la brune gloussa, Franz maintint un rythme régulier jusqu'à lui provoquer un fou rire.

« Arrête, j'en peux plus ! »

Ses hurlements finirent par couvrir la totalité de l'ambitus et alertèrent les domestiques. Lorsque enfin elle poussa un contre-ut qui brisa net une coupelle Saint-Louis, ils vinrent cogner à la porte. Franz sortit de la chambre, sous le regard respectueux de Madame et de tout son personnel.

Max attendit d'avoir quitté la maison pour témoigner une admiration non feinte :

« Tu me fais l'effet d'un sacré pistolet !

– Je crois que tout s'est passé plus ou moins comme il faut.

– Tu vois bien, Franz, toi que l'amour met si mal à l'aise. Pourquoi en avoir plus peur que des autres choses de la vie ? »

Franz fit quelques pas sans répondre, songeant pêle-mêle à la fille, au couple que formaient ses parents, à la famille qu'il devrait lui aussi fonder. Il s'arrêta en plein milieu du trottoir, plusieurs mètres au-devant de Max, et dit sans se retourner :

« Je tombe amoureux assez facilement, mais aucune femme ne me retiendra jamais. »

15. EN VISITE

Leur séjour parisien touchait à son terme. Le temps était venu pour Franz et Max d'honorer l'engagement pris auprès d'Ernst Rowohlt. Ils devaient rendre visite à l'ami de l'éditeur.

Arthur Kremp était issu d'une riche famille alsacienne qui avait gagné Paris en 1872. Employé à l'âge de vingt-trois ans par l'une des plus grandes banques de la place financière, Kremp avait suivi, à défaut de sa voie, un parcours tracé par d'autres, gérant avec succès les portefeuilles de noms importants, parmi lesquels la marquise de *** et le duc d'***. Ses rares loisirs étaient consacrés à la littérature, son jardin secret, l'arrière-cour de la banque. Féru d'Omar Khayyam, admirateur du grand orientaliste hongrois Ignác Goldziher, il aimait la poésie par-dessus tout, principalement de langue française ou allemande. Kremp avait d'ailleurs investi dans la Rowohlt Verlag. Nul besoin d'être fin psychologue pour comprendre qu'on tenait là une vocation d'écrivain contrariée, et que dans le grand livre de comptes universel, la colonne Débit écrasait une marge Crédit famélique. Pourtant, au fil des ans, Kremp avait répondu sans une plainte à l'élan vital de sa caste. Jusqu'au jour de son cinquantième anniversaire. Là, les choses s'étaient gâtées en un tournemain. Kremp, sans pourtant boire, avait ri du Jockey Club, ce qui tenait du blasphème, avant de planter femme et enfants autour du gâteau, et de franchir une dernière fois la porte de leur hôtel particulier, avenue Hoche, sans rien emporter. Depuis, il vivait cloîtré dans un appartement meublé, rue des Écoles, en proie à un effondrement nerveux.

Max lui avait fait parvenir un télégramme, l'avertissant de leur passage chez lui, à midi.

« On attend toujours la réponse.

– Allons, Max, ne sois pas ronchon. Nous savons qu'Arthur Kremp ne va pas bien.

– Pourquoi s'éloigner de Prague si l'on doit s'occuper d'un dépressif ? Sur place, les cas ne manquent pas. J'ai l'impression d'avoir apporté des devoirs de vacances. »

Max servait la soupe à la grimace depuis le petit déjeuner. Franz tenta d'adoucir sa mauvaise humeur.

« Durant la semaine nous avons été heureux.

– Peut-être trop heureux, Franz, ces choses-là finissent par se payer. »

Les deux amis remontaient la rue des Écoles en marquant de nombreux arrêts. Ils marchaient derrière un chevrier qui faisait du porte à porte, proposant le lait de son troupeau. Franz et Max avançaient au rythme des bêtes. Elles s'arrêtaient pour mâchonner un trognon trouvé sur le pavé, ou pour se délecter de l'eau savonneuse coulant dans le caniveau avant de reprendre leur marche. Franz et Max progressaient par à-coups, reculant la corvée.

Ils atteignirent leur destination quelques minutes avant midi. L'immeuble ne payait pas de mine. Max entra, suivi par Franz qui repéra la loge de la concierge d'où s'échappait un remugle de chou et d'encaustique. Max toqua au carreau.

« Un instant ! J'étends le linge ! »

Max consulta sa montre, ils allaient être en retard. La gardienne apparut, les cheveux gras, collés par plaques, empaquetée dans un vieux châle qui comprimait ses mamelles. *Deux zeppelins dans leur hangar*, songea Max. Elle avait les jupes lestées d'enfants morveux, un garçon et une fille en bas âge. La concierge fit un pas à l'extérieur de la loge. Elle allait pieds nus, une épaisse couche de corne recouvrait ses talons. On aurait dit que la matière se révoltait d'avoir à composer cet être et cherchait à fuir. Franz réprima un haut-le-cœur.

« Vous désirez ? » fit la gardienne, l'œil soupçonneux.

Cette question, l'accroche commune à toutes les bignolles de la capitale, s'appelait dans leur jargon professionnel « l'aumône du palier ».

Les deux hommes se découvrirent.

« C'est ici qu'habite M. Arthur Kremp ? s'enquit Max en bricolant un sourire affable.

– Vous venez lui rendre visite ?

– Effectivement nous…

– M'est avis qu'y sera pas trop ravi de voir des visages. L'aime pas se laisser encombrer.

– Peut-être qu'un peu de compagnie… » tenta Franz.

La concierge fronça les sourcils.

« Vous devez joliment vous embêter pour venir chez lui. Savez seulement de quoi il en retourne ? »

Max s'apprêtait tant bien que mal à répondre lorsque le garçon accroché aux jupes de la femme dégorgea un genre de plainte.

« Tu vois pas que je cause à des messieurs ? M'en vais te coller une danse ! »

Le garçon rentra la tête dans les épaules tandis que la fillette détalait pour trouver refuge dans la loge. À distance elle vit son frère se tasser sous les coups. La concierge attendrissait la viande à grands renforts de battoirs. La stupeur figea Franz et Max jusqu'à ce qu'elle recouvre son calme et reprenne, d'un ton parfaitement posé :

« Kremp a pas toutes les frites dans le même cornet, si vous voyez ce que je veux dire. »

Non, ils ne voyaient pas. La gardienne se vrilla la tempe de l'index. Ce fut tout de suite plus clair.

« La solitude n'apporte que des châtiments. M'étonnerait pas qu'un jour il se flanque dans le fleuve ou qu'il ouvre le robinet du gaz. Le propriétaire songe d'ailleurs à lui donner son terme.

– Pourriez-vous nous accompagner jusqu'à chez lui ? s'enhardit Franz.

– Croyez tout de même pas qu'avec mes douleurs je vais me casser le dos à monter ? Z'avez qu'à y aller, il crèche au cintième ! »

L'immeuble ne comptait pas d'ascenseur. Ils empruntèrent l'escalier, leur ascension rythmée par le barouf le en provenance de la loge. Franz tendit l'oreille. Des rires d'enfants, fille et garçon, auxquels répondait l'amusement de leur mère. C'était à n'y rien comprendre.

Parvenus à l'étage, ils virent la porte entr'ouverte. Franz tira la sonnette, sans effet. Les deux amis hésitèrent à entrer.

« Nous pourrions dire qu'il n'y avait personne, tenta Max.

– Allons, tu l'as toi-même prévenu de notre arrivée. Et puis nous avons promis à l'éditeur. »

Ligotés par la parole donnée, les deux amis franchirent le seuil et se retrouvèrent aussitôt en plein comptoir colonial. Le parquet était couvert d'épais tapis afghans, ainsi que de nattes en paille de riz et d'une peau de zèbre. Franz et Max suivirent le couloir orné de chasse-mouches et d'éventails puis gagnèrent le salon. Ses murs, couverts de panoplies d'armes mauresques, paraissaient contenir avec peine un charivari de meubles en bambou et paravents laqués. L'énorme pavillon d'un phonographe à rouleaux diffusait une chanson :

« C'est nous les Joyeux,
Les petits Joyeux,
Les petits marlous qui
N'ont pas froid aux yeux. »

Apathique, le regard vide, l'occupant des lieux était allongé sur une ottomane, tirant sur un narguilé. Devant lui se dressait une table à thé, au plateau en cuivre martelé couvert d'un assortiment de pipes à kif ou à opium. Franz et Max n'eurent aucun mal à identifier les ustensiles. Après tout, ils étaient Praguois.

L'aiguille du phonographe finit par tourner à vide. Il était temps de se présenter.

« Je vois que vous nous attendiez », plaisanta Max en forçant un peu la note.

Il n'obtint aucune réaction. L'homme, la cinquantaine, de taille moyenne mais solidement charpenté, portait un caftan en soie sur une chemise sans col constellée de brûlures, et des pantalons de pyjama rayés. Ses cheveux drus, couleur fer, coupés ras, étaient en partie dissimulés par une chéchia. Une barbe de plusieurs jours bleuissait ses joues et menton. Cette négligence confirmait les craintes de l'éditeur, son ami se laissait aller.

« Monsieur Kremp ? » risqua Franz.

Le locataire ne répondit pas. Max y vit une manière d'aubaine. Il chuchota à l'oreille de Franz :

« Doit-on davantage insister ?

– Nous devons au moins lui préciser l'objet de notre visite. »

La droiture de Franz s'avérait parfois agaçante. Max appuya un soupir contrarié et joua son va-tout :

« D'accord, mais s'il persévère dans son attitude, je nous considérerai délivrés de toute obligation à l'égard de Rowohlt. Qu'en dis-tu, Franz ?

– Faisons ainsi. »

Satisfait, Max déclara alors à haute voix :

« On nous a dit que vous n'êtes pas joyeux. »

La réaction ne se fit guère attendre. L'homme bondit de l'ottomane, renversa la table à thé et empoigna Max par le col.

« Qui a osé dire ça ? »

Ses yeux, d'un bleu presque transparent, semblaient pâlir davantage sous l'effet de la colère.

« Son nom, que je le crève ! »

Sa longue moustache frémissait tandis qu'il maintenait son emprise. Max était sur le point de suffoquer. Abasourdi, Franz ne chercha pas à mettre la situation en mots. Il se vit poser la main sur l'avant-bras noué de muscles pour s'entendre ensuite déclarer d'une voix calme :

« Veuillez, monsieur, dissiper vos objections initiales. Nous avons quelque chose à vous proposer. »

L'homme sursauta, comme sous l'effet d'un choc galvanique. Max partit en arrière, bousculant un panda empaillé, et se perdit en crachotements jusqu'à recouvrer son souffle.

« Quelle proposition ?

– Mettre un peu d'agrément dans votre existence, répondit Franz.

– Et comment ?

– De la manière qui vous plaira. »

La fureur disparut du regard qui devint d'un calme diaphane. L'homme, soudain parfaitement détendu, afficha un splendide sourire.

« Parfois, je me donnerais des claques. Ma volonté s'effiloche à cause de l'ennui, ça m'occupe toute la sainte journée. N'en dites pas plus, messieurs. Sachez que j'apprécie l'aubaine.

– Vous pouvez refuser, gargouilla Max.

– Non, non, accordez-moi simplement quelques minutes afin de me préparer. »

Les plantant là, il gagna la salle de bains, puis sa chambre. Franz et Max l'entendirent s'exclamer d'une voix claire : *Joyeux, fais ton fourbi !*

Max continuait d'expectorer, le menton pour ainsi dire soudé à la poitrine. Au terme d'un long graillonnement que lui aurait envié un pavillon de poitrinaires, il déclara à Franz :

« Sa place est dans un établissement spécialisé.

– Disons qu'il a ses impatiences, voilà tout.

– C'est un peu fort, il a failli m'étrangler ! glapit Max.

– À quoi bon s'emporter contre lui puisque nous devons faire avec. »

Outré, Max s'apprêtait à balancer une réplique bien sentie quand le locataire les rejoignit au salon, moustache peignée, rasé de frais, vêtu d'un complet de bonne coupe. Il se chargea d'une gibecière d'aspect militaire et préleva une canne dans la patte d'éléphant qui faisait office de porte-parapluie.

« Et si on allait se taper la cloche ? »

16. AU BISTROT

Le café Soufflet, au 25 boulevard Saint-Michel, favorisait l'éclectisme. Outre les habitués issus de la faune indigène, étudiants ou libraires, sa clientèle comptait nombre d'Arabes et de Turcs qui bondaient l'entresol pour s'affronter au billard sur fond de chicanes et d'injures. Selon la fortune du jeu, il remontait d'en bas des hourras ou des imprécations puisées à la religion et à d'anciens contentieux politiques.

« Ça fleure la compagnie disciplinaire », sourit Kremp avant de piquer des deux jusqu'à une table en arrière-salle.

D'évidence la sienne, Max et Franz l'y rejoignirent. Ils se retrouvèrent derrière une forêt de portemanteaux, séparés du reste par un châssis.

Un garçon, coiffé en toupet voltigeur, leur remit non point un menu, mais une fiche détaillant les plats du jour. Il suffisait de cocher.

« Cuisine de derrière les fagots ! assura Kremp en dépliant sa serviette.

– Bœuf vinaigrette, riz au gras, cabillaud sauce câpres, fricandeau », récita Max du ton respectueux que l'on doit aux promus à l'ordre de Saint-Étienne de Hongrie.

Soudain, Kremp bondit sur sa chaise et s'exclama en pointant la liste du doigt :

« Des œufs en tripes, j'en mangerais sur le cul d'un lépreux ! »

Ses façons surprenaient Franz qui ne s'était pas imaginé ainsi l'ami de l'éditeur. Des propos de Rowohlt, il avait tiré le portrait d'un homme au caractère fragile, enclin à l'introversion. Kremp faisait au contraire montre d'un tempérament fiévreux. Deux tendances qui n'étaient toutefois pas incompatibles, Franz se souvenait avoir lu quelque chose là-dessus. Une même personne pouvait en un tournemain passer de la rage à la prostration. Aussi convenait-il de demeurer vigilant ou, à l'instar de Max, de n'en avoir rien à fiche. Lui qui, moins d'une heure plus tôt, renâclait à la tâche, nourrissait à présent de bien meilleures dispositions à l'égard de Kremp. Franz en connaissait la raison.

« Bifteck nature ou saucisson de ménage ? hésita Max en se pinçant la lèvre inférieure.

– Nous n'allons pas barguigner. Si l'on prenait un peu de tout ? »

Max, que ne bridait plus le végétarisme de son ami, allait pouvoir avaler toute cette graisse, tirant prétexte d'accompagner Kremp. Les deux hommes semblaient s'entendre comme larrons en foire. Franz les imagina engouffrant des couennes de côtelettes sans prendre la peine de mâcher, puis rouler du ventre pour les faire ressortir par l'autre bout.

Kremp lui demanda s'il avait choisi. Franz jeta son dévolu sur une soupe de tapioca, quelques radis suivis d'une salade de haricots verts, ainsi que des épinards.

« Il adore les épinards », précisa Max d'un ton qui déplut à Franz.

Guère convaincu, Kremp déclara à la cantonade :

« Saviez-vous qu'un soldat de constitution moyenne consomme cinquante-quatre fois son poids durant ses années de service ?

– Je l'ignorais, répondit Franz.

– Cette verdure ne vous tiendra pas au corps.

– Confidence pour confidence, c'est un citron qui nourrit le mieux. »

Kremp demeura interdit.

« La viande ne l'attire pas, dit Max.

– Je ne force personne à m'imiter.

– Ce n'est pas tout, monsieur Kremp. Franz a fait sienne une certaine méthode.

– Quelle est-elle, si ce n'est pas trop vous demander ? »

Ignorant son ami qui cherchait à le faire taire, Max dit alors, en prenant sa voix de blague :

« On la doit à un Américain. Horace Fletcher, que ses adeptes surnomment "Le Grand Masticateur", préconise de mâcher sa nourriture trente-deux fois, soit le nombre de dents, avant de l'avaler. Réduits à l'état liquide, les aliments glissent alors comme par un heureux hasard.

– Fascinant, lâcha Kremp en enfournant un coin de serviette dans son col.

– Attendez la suite. Cette doctrine enjoint de ne rien manger si l'on est mélancolique. Mon ami est un artiste du jeûne, on finit par s'y habituer. »

À cet instant, Franz s'estima trahi. Max n'avait certes pas menti sur ses pratiques alimentaires. Mais sa façon de présenter les faits rendait la vérité gênante, sans que l'on puisse faire autrement que d'acquiescer. Pourquoi Max avait-il souhaité le rabaisser ? En cherchant à se faire bien voir de Kremp, était-il prêt à blesser leur amitié ? Franz perçut un relent de jalousie. Il décida de répliquer.

Le garçon servit les plats. Voyant ses compagnons sur le point de basculer dans la goinfrerie, Franz brisa leur élan.

« Max pense que l'on peut guérir au moyen des couleurs. »

L'intéressé se figea, fourchette à courte distance de sa bouche.

« De couleurs, dites-vous ?

– Absolument, monsieur Kremp. D'ailleurs, il m'a contraint à le suivre chez un marchand de savon, quai Moncey, un certain Löwy Simon qui a traduit les œuvres du docteur Steiner.

– Connais pas, fit Kremp en piquant un boisseau de pommes de terre frites.

– Nul ne pourrait vous en faire reproches. Rudolf Steiner cherche à réconcilier théosophie et science.

– Vous m'en direz tant. Et pour ce qui est des couleurs ?

– J'y viens. »

Franz le tenait. Il prit le temps de savourer deux ou trois cuillères de potage sous le regard implorant de Max avant de poursuivre :

« On trouve dans la boutique quantité de bocaux renfermant des pigments. Chacun sert à soigner un trouble particulier.

– Jaune ?

– Safran. Dissipe l'aigreur, le cynisme.

– Bleu ? »

Kremp se piquait d'intérêt et jouait la relance.

« Guède, azraq, restaure le calme, soulage les migraines.

– Rouge ? fit Kremp en remplissant son verre de Pinot.

– Murex, kermès, confère la vigueur.

– Je le crois volontiers. Vert ?

– Obtenu par mélange, monsieur Kremp. Donc à déconseiller.

– Et si je vous dis blanc ?

– Je répondrai albâtre, dont les vertus purificatrices n'égalent toutefois pas celle du lait d'amande.

– Löwy Simon en boit deux litres par jour », intervint Max en concédant le point.

De l'autre côté du boulevard, des enfants jouaient à la balle au chasseur sous le regard attentif d'un vitrier qui portait sur son dos un châssis à carreaux. Franz songea qu'à tout instant un bris pouvait survenir, et qu'il en allait de même entre amis. Pour l'heure, ils avaient évité de peu la fêlure. Ce n'était pas la première fois.

« La connaissance est une affaire bien mystérieuse, dit Kremp en s'octroyant une part de gratin.

– D'autant qu'un sot peut tomber sur une belle idée, ajouta Max.

– Ce qui en rien ne vous concerne. Messieurs, vous me paraissez être de savants étrangers. Qu'est-ce qui vous frotte à Paris ? »

Franz et Max se concertèrent, hésitant à parler du projet. Arthur Kremp étant toutefois l'ami de leur éditeur, ils ne risquaient pas grand-chose. C'est ainsi qu'ils présentèrent l'idée du guide tandis que le garçon servait les fromages.

« Quelque chose d'allusif qui épargnerait au voyageur l'embarras du choix », définit Franz.

Max prit le relais.

« L'ouvrage aborderait les questions inessentielles. Que fait-on les jours de pluie ? Doit-on être trop pressé ou trop lent ? »

Les deux amis rivalisaient d'invention, Franz se réjouit de leur complicité retrouvée. Kremp les écouta, l'air grave, moustache piquetée de reblochon. Lorsque le réservoir à idées finit par se tarir, il entra dans le jeu.

« Sacrée besogne. Sans guide, vous rateriez Paris dans ses détails intimes. Vous êtes venus, messieurs, me tirer de l'ennui. Aussi permettez-moi d'être votre cicérone. »

Ils se dévisagèrent en silence, surpris de se trouver un intérêt commun. Dessert, café et liqueurs cimentèrent leur accord. Franz régla l'addition après en avoir vérifié le montant. Il n'y avait pas erreur.

« C'était à votre goût ? » fit par routine le serveur.

Il tira la monnaie d'une poche de gilet cousue haut et la rendit sans un regard pour ses clients, tête de profil, les yeux plongés dans la perspective du boulevard. Max lui trouva une ressemblance avec František Patera dont la morgue faisait les beaux jours du café Union. Peut-être existait-il une Internationale des serveurs, liés entre eux par un même dédain leur tenant lieu d'esperanto.

« Nous sommes en train de bâtir une relation, dit Arthur Kremp. Par quoi voulez-vous commencer ? »

Alors, pour la première fois en pratiquement deux semaines, Franz songea à son père.

17. AU BON MARCHÉ

Hermann Kafka n'avait été prévenu qu'au dernier moment de son départ pour Paris. Franz avait mis sa mère et Ottla dans la confidence, mais en les suppliant de garder le secret. Il attendrait le meilleur moment pour faire son annonce. L'occasion ne se présenta pas, comme de juste puisque père et fils veillaient à se parler le moins possible, n'importe quel sujet dégénérant en dispute. Reste que M. Kafka devait tout de même être prévenu, ne serait-ce que pour qu'il ne s'avise pas de son absence en relevant le nez de son assiette, fixant soudain une place vide, très loin en bout de table. Franz doutait d'ailleurs qu'il la remarquât. Répondant toutefois au vœu de sa mère, il se lança un soir, à la fin du dîner, qu'Hermann avait pour sa part expédié en quelques pelletées brûlantes.

« Père, j'ai quelque chose à vous dire.

– Laissez-nous », fit le maître de maison en exilant épouse et fille à la cuisine.

Puis il entreprit de vider une coupelle de groseilles, moins par faim que pour s'occuper tout entier à une tâche qui lui épargnerait d'avoir à regarder son fils. Une chance qu'il n'ait pas choisi de se nettoyer les ongles ou les oreilles avec un cure-dent, ce qui était dans ses habitudes. Franz dévida ce qu'il avait à dire, pareil à un ruban Morse dont le message serait entrecoupé de bégaiements. L'imposante carcasse paternelle fut secouée d'un gros rire qui n'avait rien de rassurant.

« Des vacances ? Quelle drôle d'idée ! Je n'ai pas l'impression que tu en aies besoin. Ne me dis pas que ton travail de bureau te fatigue.

– Je dors peu la nuit.

– Parce que tu l'as décidé. Tu gaspilles des heures de bon sommeil pour écrire tes sottises. Enfin, peu importe. Puisque tu vas à Paris, j'aimerais que tu fasses quelque chose pour moi.

– Pour vous, père ?

– Quoi, cela t'ennuie ? Est-ce trop demander à M. mon fils ?

– Non, pas du tout, mais...

– Parfait. »

Hermann dirigeait un commerce d'articles à prix accessibles. Sa boutique mesurait à tout casser dix mètres carrés, et il traitait mal ses employés, à commencer par Ottla. Peut-être parce qu'étant sa fille, il ne la payait pas. Rien, donc, ne le prédisposait à être un fervent admirateur d'Aristide Boucicaut. C'était pourtant le cas.

« Imagine, Franz. Cet homme a commencé avec quatre cent cinquante-deux mille francs. Moins de vingt ans plus tard, son capital s'élève à vingt millions ! »

Pour en entendre parler pratiquement chaque semaine, Franz n'ignorait pas grand-chose de celui qui, avec l'aide de son épouse Marguerite, née Guérin, avait créé Le Bon Marché. Hermann avait fait de Boucicaut son modèle, en opérant toutefois un tri parmi ses vertus exemplaires. Rien concernant l'œuvre philanthropique, le souci constant d'améliorer le sort des deux mille employés, la caisse de retraite et de prévoyance, les fonds de placements, et encore moins la complète prise en charge des vendeuses qui se trouvaient enceintes. Si, tout de même, une chose, qu'à la cantine du personnel on servait chaque jour huit cents kilos de bifteck.

« Ce grand magasin incarne le monde moderne. Vois-tu, fils, il ne suffit guère d'attirer la clientèle. Le tout est de la retenir. Le lien entre vendeur et clients repose sur la confiance. Pas question d'écouler des articles défectueux ou défraîchis. Les prix doivent être affichés en témoignage de bonne foi. Tout cela, je n'ai pas attendu Boucicaut pour m'en aviser. Mais j'ai l'idée que l'on pourrait tirer profit d'une observation directe des formes nouvelles de la prospérité. »

C'est ainsi que Franz se retrouva en service commandé.

Le Bon Marché occupait tout un pâté de maisons. Ses façades principales, courant le long de la rue de Sèvres et de la rue du Bac, faisaient comme un coin, la pierre angulaire du commerce dans Paris.

Franz, Max et Kremp entrèrent par la grande porte du magasin de nouveautés. Ils se retrouvèrent face au monumental double escalier placé sous une immense verrière. Il menait aux étages, que desservaient aussi des ascenseurs. Un flot continu de gens, touristes ou habitués, se répandait au rez-de-chaussée. Les trois hommes se laissèrent porter par le courant qui charriait clients esseulés et familles, attirés par les sirènes de la réclame. Tels les marins de la légende qui luttaient en vain contre la séduction des chants, ils finissaient par échouer, séduits, devant une vitrine ou un présentoir. Le personnel fondait alors sur sa proie.

« Allons, mesdemoiselles, il me faut quelqu'un en rayon !

– Tout de suite », répondait le chœur des vendeuses.

Elles s'empressaient autour d'une dame, la régalant de conseils et suggestions. Franz observa leur manège, qui se vérifia plus loin au rayon Mousseline, Percale et Basin. Les employés adoptaient une attitude parfaitement réglée, laissant venir l'éventuel acheteur, sans forcer. Le déballage de marchandises faisait le reste.

Rubans, plumes, bijouterie, sorties de bal et chapeaux, tout ce qui était joli s'exposait là, mais on trouvait aussi l'utile, par exemple draps et rideaux. N'importe qui pouvait se réjouir à bon compte d'un choix attrayant et curieux.

Franz, Max et Kremp parvinrent sans l'avoir voulu à la galerie du mobilier. Il s'y tenait jusqu'à la fin septembre une exposition d'articles en provenance directe de Chine et du Japon. Un vendeur spécial vantait la qualité orientale.

« Voyez donc ces tapisseries anciennes, tâtez je vous prie ces soieries ! »

Kremp marmonna quelque chose en faisant mine de cracher. Franz se souvint de ses brusques sautes d'humeur. Il choisit de s'éloigner et entraîna ses compagnons au premier étage. On pouvait y accéder par un escalier mécanique, cependant Max déclina, car l'idée que l'on puisse lui imposer un rythme lui était insupportable. La visite du premier niveau ne prit pas longtemps, car il eût été inconvenant pour trois messieurs de s'attarder devant lingeries fines et corsets. Franz remarqua toutefois une jeune femme enceinte, plantée face à un rayonnage de dentelles. Peut-être était-elle nostalgique d'une silhouette enfuie. Lorsqu'elle se remit en route, son ventre fendit les allées, telle la proue d'un vaisseau. Objet de toutes les attentions, les vendeuses lui parlaient tête baissée, s'adressant moins à elle qu'au futur bébé qui, par une heureuse fortune du sort pourrait être une fille, cliente à venir.

Après avoir fait un tour à la galerie des lampes et bronzes, les trois hommes gagnèrent le second étage. Ils filèrent droit au rayon Vêtements masculins, d'une confection irréprochable, coupés dans les ateliers du Bon Marché par des tailleurs de tout premier ordre. Max tomba en arrêt devant une paire d'escarpins en veau glacé. Il s'apprêtait à héler un vendeur afin de l'essayer lorsqu'une dispute éclata au rayon Parfumerie. Les éclats de voix dégénérèrent bien vite en tumulte et vociférations.

« Ça part en riboule ! » s'écria Kremp en filant vers la scène.

Plusieurs membres du personnel s'agglutinaient devant un comptoir en marbre pie. Ils faisaient écran afin de cacher la scène aux yeux de la clientèle.

Kremp força le passage, suivi par Franz et Max.

Mme la Première, responsable du rayon, agrippait la manche d'un vieillard aux allures de mendiant. En retrait, un essaim de vendeuses tournait autour d'une dame mafflue, à l'évidence choquée.

« C'est un renifleur ! » s'écria la Première.

On désignait ainsi la catégorie de toqués qui humaient la nuque des clientes. Cette perversion, curieusement assez fréquente, était l'une des plaies du magasin.

Le vieux ne fit rien pour démentir. Il n'en menait pas large.

« Misérable, tu as été payé, n'est-ce pas ? Avoue ! »

Le regard de la Première se porta de l'autre côté de l'allée, droit sur le rayon Ganterie. Son chef se tenait cambré, pouces passés dans les entournures du gilet. Il affichait un sourire triomphal. Ses commis se répandirent en gloussements.

Sur ces entrefaites apparut Ernest Lucet, sous-directeur du Bon Marché, talonné par le détective de l'établissement. Les deux hommes en appelèrent au calme et distribuèrent des bons de réduction afin d'éparpiller la foule.

« Ça recommence ! Vous devez... »

Lucet prit à part la Première, l'empêchant de poursuivre, tandis que le détective notait la déposition de la grosse dame. Le vieux ne bougeait toujours pas.

« On s'occupe de ces messieurs ? s'enquit une employée cherchant à rétablir la routine.

– Écartez-vous, mon petit », fit Kremp.

Sans hésiter, il contourna le comptoir et vint tapoter l'épaule du sous-directeur.

« Oui ?

– Monsieur, avec mes amis nous avons assisté à toute la scène, mentit Kremp. Notre témoignage est à votre disposition.

– Je vous en remercie, mais ce sera inutile, tempéra Lucet.

– Vous privilégiez le règlement en interne ? Je comprends. Hélas, voilà qui est impossible.

– Pourquoi donc ? » s'inquiéta le sous-directeur.

Kremp pointa du menton Franz et Max.

« Parce que ces messieurs ne sont pas d'ici. Or si je conçois volontiers que tout peut paraître facilement bizarre à un étranger, ce qui vient de se dérouler sous nos yeux est un peu fort de café ! Imaginez le scandale s'ils relataient les faits à l'extérieur de nos frontières. C'en serait fini de la réputation du Bon Marché ! »

Les épaules d'Ernest Lucet s'affaissèrent, ployant sous le poids de ses responsabilités.

« Veuillez me suivre. »

Ils gagnèrent son officine, tandis que les personnes directement impliquées suivaient le détective dans un autre service. Lucet eut tout juste la force de refermer la porte avant de s'effondrer derrière son bureau.

« Ils ont remis ça ! » s'écria-t-il en se prenant la tête dans les mains.

Lucet resta sans piper mot, espérant peut-être qu'on lui épargnerait la gêne de parler. Franz vint s'asseoir face à lui, se composant un visage attentif. Encouragé, le sous-directeur lâcha d'abord quelques mots, puis ce fut torrent. Franz modifiait de manière imperceptible ses traits afin de réguler le débit. On pouvait tirer des propos que les rayons Parfumerie et Ganterie se menaient une guerre de positions sur le front de la vente.

Kremp commenta, l'air pensif :

« Cela m'évoque les fortes heures de l'oasis d'In Rhar, lorsque le deuxième bataillon d'Afrique, progressant en carré sous un vent du sud-ouest brûlant, décimé par la fièvre et les combats, forçait l'ouverture du Sahara afin de pratiquer une voie claire jusqu'à Tombouctou. »

Avertis des fantaisies de Kremp, Franz et Max n'y prêtèrent pas vraiment attention. Lucet, au contraire, s'attendit à un récit digne de ce nom, c'est-à-dire avec chute. Comme rien ne vint, il reprit :

« Sachez que la Première n'est pas en reste. Pas plus tard qu'il y a trois jours, on a trouvé une épingle à cheveux plantée à l'intérieur d'une paire de gants en pécari !

– Pourquoi gardez-vous les chefs de rayon ? s'étonna Max.

– Parce que hélas ils sont les meilleurs dans leur partie ! gémit le sous-directeur.

– Sait-on ce qui motive leurs comportements ? » demanda Franz.

La saine émulation, favorisée par les défunts époux Boucicaut, s'était transformée chez ces deux-là en lutte à mort. Falsification d'écritures, étudiants et retraités soudoyés en vue de semer le désordre, tous les coups étaient permis, y compris les plus vils, afin de déconsidérer l'adversaire et ruiner son chiffre d'affaires. Cela, pour complaire au nouveau directeur, Anselme Caslot, jeune coq aux cheveux lustrés à la brillantine, que chacun tenait pour arriviste.

« Ne peut-il mettre fin à ce harcèlement ? questionna Max.

– Je crains, messieurs, qu'il trouve ces affrontements plaisants. Ah, il est bien loin l'heureux tour d'esprit de la maison Boucicaut ! »

C'était d'autant plus dommage, renchérit le sous-directeur, que l'on s'apprêtait à célébrer la cinquantième année d'engagement de l'employé doyen.

« Narcisse Fillot s'en fait déjà une fête. Le pauvre mérite mieux que cela. Dire qu'il était présent lorsque M. Boucicaut a fait poser la boîte en plomb au pied des fondations.

– Une boîte ? demanda Franz.

– Oui, une boîte qui contient le credo du fondateur, gravé sur pierre. Une série de préceptes dictés par sa haute intelligence qu'éclairait la bonté... »

Ernest Lucet parut se racornir dans son fauteuil. Le silence se fit, pesant comme un jour d'inventaire, jusqu'à ce que Kremp s'exclame :

« Nom de d'là, voilà la solution ! »

Franz, Max et le sous-directeur demeurèrent interdits.

« La Première et le chef de rayon sont tous deux responsables, pas vrai ?

– D'une identique façon, approuva Lucet.

– Et vous ne pouvez les renvoyer, pas même les punir, fit Kremp en déployant son raisonnement.

– Seul M. Caslot est habilité à prendre pareille mesure.

– Ce qu'il ne souhaite pas. Donc c'est à vous, monsieur le sous-directeur, qu'il incombe de remettre vos subordonnés sur le droit chemin en leur faisant retrouver la bonne parole. Vous devez les obliger à déterrer la boîte qui contient la pierre. »

Il y avait quelque chose de talmudique dans l'approche, Franz et Max s'enthousiasmèrent aussitôt. Ernest Lucet ne fut pas long à convaincre, imprégné qu'il était des valeurs propres au Bon Marché : effort dans le labeur et droiture morale.

Lucet pria Franz, Max et Kremp de rester. Étant clients, le directeur Caslot leur donnerait forcément raison si les choses devaient aller plus loin. Puis il convoqua ses subalternes.

« … c'est ça ou la porte », bluffa le sous-directeur au terme d'une confrontation houleuse.

Les responsables des comptoirs perdirent leur aplomb. Ils connaissaient Ernest Lucet. L'individu, falot et sans éclat, n'oserait jamais proférer de lui-même pareille menace. Il avait donc ses ordres. Parfumerie et Ganterie ployèrent à l'unisson.

Le sous-directeur se fit remettre pelles et pioches par un commis du rayon Outillages. Après quoi, la compagnie prit l'escalier à l'accès strictement réservé qui menait aux profondeurs du magasin.

Lucet marchait en tête, seul à connaître le tracé des couloirs. Ils débouchèrent sur une galerie qui faisait le tour du premier sous-sol. Elle surplombait une grande salle plongée dans le noir. Le regard de Franz s'accommoda à la pénombre, pareil à celui d'un choucas. Tout le personnel, silencieux, était massé autour d'une énorme table circulaire. Soudain, l'éclairage électrique illumina la scène. Franz ressentit la tension des employés qui montait vers lui, forte et enivrante. Plusieurs paquets surgirent de glissoires et tombèrent sur la table. Elle se mit à tourner pour faciliter le triage. Au coup de sifflet d'un contremaître, les manutentionnaires se saisirent des colis qu'ils fourrèrent dans des casiers, un pour chaque arrondissement de Paris, mais aussi pour les départements de province et certains pays étrangers. Les livreurs entrèrent alors en action. Ils s'emparèrent de la marchandise et filèrent vers leur destination. Le tout sans bousculade, un ballet à l'automatisme parfaitement réglé.

« Service des expéditions », commenta le sous-directeur.

Il emprunta un escalier en ferronnerie. Les autres descendirent à sa suite. En traversant la salle, Franz observa les visages. Yeux hagards, expressions figées, ceux d'en bas paraissaient privés de sommeil. Peut-être travaillaient-ils jusqu'à l'épuisement afin que jamais ne s'interrompe le carrousel des livraisons. Franz imagina quantité d'exemplaires de rechange, hommes et femmes de tous âges, emballés dans du papier de soie. *Une version moderne de l'Enfer*, songea-t-il, ou tout du moins de l'envers car l'abondance d'articles et de personnel donnait l'impression qu'il existait un magasin sous le magasin, un jumeau tête-bêche du Bon Marché dont les employés, contrairement à leurs congénères en surface, n'approchaient jamais la clientèle.

Le groupe quitta le premier sous-sol pour s'enfoncer plus avant. À mesure qu'ils descendaient, Franz sentait la température s'accroître. On entendait pourtant le vrombissement continu d'un système d'aération. Ils parvinrent au second sous-sol où régnait une chaleur de four à plomb. Des hommes au torse nu et luisant de sueur, protégés par des tabliers de cuir, s'activaient autour de machines. Calorifères à jauges, générateurs de vapeur, cuves étanches, étaient autant de viscères mécaniques, le ventre d'acier du Bon Marché.

« Par ici », indiqua Lucet.

Il fit halte devant un pilier en béton.

« Creusez à sa base, vous y trouverez la boîte. »

Les responsables de comptoirs renâclèrent, mais on les sentait soumis. La Première s'empara d'une pelle tandis que le chef de rayons enfilait des gants qui, assura-t-il au sous-directeur, ne provenaient pas de son stock. Il lui revint de donner le premier coup de pioche. Parfumerie et Ganterie n'étaient plus qu'un souvenir vague, une précédente incarnation convertie en ingrate besogne. L'aristocratie des vendeurs s'échinait comme des trimardeurs sans pratique. Les gestes étaient maladroits et l'on se plaignait déjà d'ampoules en crachotant dans la poussière de ciment.

Kremp était au spectacle.

« Ça me rappelle les sections de discipline. Colonie pénitentiaire d'Aïn Béïda, département de Constantine. M'est arrivé plus d'une fois de serrer les dents, c'est le propre des grandes gueules. Je vous garantis un sacré tour de rein ! »

Soudain, un coup de pelle sonna creux. Première et chef de rayon échangèrent un regard. L'espoir remplaçait l'animosité. Ils jetèrent les outils et tombèrent à genoux pour fouiller de leurs mains.

Ensemble, ils dégagèrent la boîte. Elle était fermée par un cadenas à combinaisons.

« Laissez-moi faire », ordonna Ernest Lucet.

Le sous-directeur tourna les mollettes jusqu'à obtenir 5.10.48.

« Date de mariage des époux Boucicaut », expliqua-t-il.

Le cadenas s'ouvrit. Alors, d'un geste que le respect rendait mal assuré, Lucet tira la table de pierre sur laquelle étaient gravés ces mots :

« Paris, le 9 septembre 1869,

Je désire donner à cette construction toute spéciale une organisation philanthropique qui me permette, en me rendant utile à mes semblables, de témoigner à la Providence toute ma reconnaissance pour le succès dont elle n'a cessé de couronner mes efforts… »

Terrassé par l'émotion, le sous-directeur ne put aller plus loin. Les responsables de comptoirs tombèrent dans les bras l'un de l'autre. Au-delà de la mort, Aristide Boucicaut avait su restaurer la concorde par la seule force de sa parole. Il ne restait plus qu'à la propager en surface.

« Nos chemins se séparent, déclara Kremp, coupant court aux effusions.

– Le Bon Marché vous doit beaucoup, proclama Lucet. Que puis-je faire en retour ?

– Est-ce que d'ici on peut accéder au métro ?

– Ma foi... probablement. Il faudrait suivre le réseau de tunnels condamnés. Mais je vous le déconseille, à cause des rats.

– C'est notre affaire », fit Kremp en caressant le flanc de sa gibecière.

18. DANS LE MÉTRO

« Une chasse aux rats ? »

Le passage entre le Bon Marché et les couloirs du métro s'effectuait par une porte à volant. Franz et Max venaient de l'ouvrir avec peine, il ne leur restait plus qu'à s'engager. Précisément ce qui posait problème.

« Pas n'importe quels rats, uniquement les gros morceaux, tempéra Kremp, comme si cette précision devait écarter leurs réserves.

– Mon ami craint les souris », dit Max.

La réflexion agaça Franz. Ainsi passait-il pour un gâcheur d'ambiance, alors que la compagnie s'apprêtait à vivre un formidable moment. Or, pour ce qu'il en savait, Max ne devait pas non plus se trouver à la fête.

« Je n'ai pas peur d'elles, simplement leur air patelin me rend méfiant.

– Dans ce cas, messieurs, dissipons d'emblée toute équivoque. Vous ne verrez aucune souris en ces lieux.

– Pour quelle raison ? demanda Max.

– Elles se font bouffer par les rats. »

L'effet d'annonce désarma Franz. Faire des phrases ne servirait à rien, il opta pour un raccourci :

« Les rats me dégoûtent ! »

Kremp l'observa, éberlué.

« Vous pensez que ça vous rend original ? Évidemment que ces bestioles sont répugnantes, de vrais transports à vermines, il n'y a pas mieux pour se choper une infection ! »

De son côté, Max prenait le temps de réfléchir. Trouvait-il judicieux de s'aventurer dans cette entreprise ? Ils s'étaient imposés à Kremp qui ne leur avait rien demandé, sinon de l'accepter pour guide. Couper court s'avèrerait discourtois, sans compter qu'il faudrait rendre des comptes à l'éditeur. C'en serait fini de leurs vacances, tous frais payés.

Max en avisa Franz, faisant valoir une association qui promettait d'être fertile en intérêts. Certes sur un mode excentrique, ce qui ne revenait pas forcément à se jeter dans les ennuis, pour peu que l'on s'en remette à Kremp.

« Si je te comprends bien, il est trop tard pour reculer ? demanda Franz.

– Exactement. »

Les deux amis firent savoir leur décision. Un sourire illumina le visage de Kremp.

« Je m'y connais en hommes, me doutais bien que vous ne me laisseriez pas sur le sable. Et puis il n'y a pas mieux que le métro pour saisir l'essence de Paris. Hardi, bataillonnaires ! »

Ils s'enfoncèrent dans la bouche noire d'un tunnel. Franz et Max tâtaient murs et sol de leurs cannes. Elles leurs servaient d'organe sensoriel, pareilles à des antennes d'insecte. Quantité de tuyaux couraient le long des parois. Certains, de différents diamètres, contenaient les fils du téléphone ou du télégraphe ; d'autres servaient à cheminer les tubes pneumatiques. De gros conduits, aux raccordements improbables, desservaient l'air sur toute la ligne. Pour l'heure il régnait une atmosphère malsaine, confinée, faite de bouffées chaudes et rances, comme une expiration lente qui s'étirerait de station en station.

L'humidité suintait. Max s'étonna de l'état des lieux.

« Ce sont les vibrations des rames qui provoquent les dégâts, expliqua Kremp.

– Cette partie n'est pas désaffectée ? s'inquiéta Franz.

– Est-ce que je sais, moi ? Observez plutôt ces fissures. Elles font la joie des rats qui s'y nichent. »

Franz avait l'impression d'être observé. Des milliers d'yeux noirs, comme si la réalité était piquetée de trous d'aiguilles laissant entrevoir l'envers du décor.

« Des ouvertures aussi petites ? observa Max à distance, l'air faussement assuré.

– La belle affaire ! Leur squelette est tellement flexible qu'ils peuvent passer par un trou de trois centimètres. Pareil pour leurs muscles qui conservent le souvenir des parcours. C'est pour ça que les rats détalent en se frottant à tout ! »

Franz sentit un frôlement contre sa jambe. En reculant, sa cheville heurta un rail. La douleur l'obligea à se ressaisir. Respirant mal, il songea à dégrafer son col, mais s'en abstint, afin de garder contenance.

Son attitude n'avait pas échappé à Kremp.

« Pour qui a connu les rizières de l'Annam et du Tonkin, c'est de la petite bière. Sans vanteries, mais je conçois le sentiment du novice. Ne restez pas sur les côtés, vous serez mieux à marcher au centre. »

Franz et Max progressèrent le long des rails, guettant un faisceau électrique, le moindre roulement qui annonceraient l'arrivée d'une rame. Pendant ce temps, avançant au pas de promenade, Kremp fouillait dans sa gibecière. Il en sortit une paire de mitaines, aussitôt enfilées, un petit flacon d'éther et une boîte en fer-blanc, naguère dévolue aux sardines Fouladou, qui contenait un curieux mélange.

« Saindoux et noisettes, pas mieux comme casse-croûte pour attirer les plus beaux spécimens ! »

Il en badigeonna les parois du tunnel, ainsi que la voie ici et là. L'équivalent d'un tapis rouge, comprit Franz, une invitation faite aux rats à foncer droit sur eux.

« Faut vous dire que l'espèce est méfiante, commenta Kremp. Surtout le rongeur des profondeurs. Ceux qu'on voit à l'air libre sont les plus faibles. Des perdants, obligés d'aller chercher leur pitance. Les princes ne remontent jamais à la surface. »

Franz commençait à en avoir plein les guêtres. Il ne pouvait cependant faire demi-tour sans prendre le risque de se perdre. Max, au sens de l'orientation avéré, n'avait pas l'intention de rebrousser chemin.

Les rats ne se montraient pas. Kremp s'assit sur une traverse pour renifler des crottes. Elles étaient fraîches. Il décida de patienter et se roula une cigarette.

« Je vous l'ai dit, c'est des prudents, faut pas leur en raconter. Tout ça c'est à cause du siège de Paris.

– Comment cela ? demanda Max.

– Au plus fort des privations, le rat se négociait à un franc cinquante du kilo. Même le Jockey Club proposait sur sa carte du pâté de rat aux champignons. Fatalement, quand on boulotte vos ancêtres, il y a de quoi conserver rancune.

– C'est vieux, tout de même, objecta Max.

– Quarante ans. Pour un rat, la mémoire du siècle », conclut Kremp d'un coup de langue en collant sa roulée.

Quelques mesures du *Graf Eberstein* résonnèrent dans le tunnel. Afin de se donner du courage, Franz sifflait son air préféré. Max s'apprêtait à le faire taire quand Kremp le retint.

« Non, au contraire, excellente chose, les rats détestent le bruit. Ça les fera bouger. Imitons votre camarade ! »

Il abattit sa canne sur un rail. Franz chantait à présent, tandis que Max participait tant que bien mal au chahut, de bonne volonté mais sans convaincre, comme un premier de classe qui s'improviserait cancre.

« Saillez d'là ! » hurla Kremp qui satonnait les murs à coups redoublés.

Franz n'émettait plus qu'un mince filet de voix. En vision latérale, il perçut comme une coulée d'encre, plus sombre que l'obscurité du tunnel. Elle se répandit autour d'eux, une masse mouvante qui bruissait, agitée de convulsions. Au moindre contact, certains rats s'entredéchiraient.

Kremp les fixait, une lueur de folie dans le regard. Franz songea à Hamelin et à son joueur de flûte. Les rats se grimpaient dessus pour parvenir à sa hauteur. L'un d'eux se redressa sur ses pattes longues et musclées, prêt à le défier.

« C'est tout de même cher payé les vacances », chouina Max.

Des couinements lui répondirent en échos moqueurs. Kremp plongea soudain le bras dans la masse grouillante et en extirpa un rat qui devait bien mesurer quarante centimètres, du museau à la queue.

« Visez-moi ce caïd ! »

Il le fourra dans sa gibecière et recommença, encore et encore, jusqu'à ce que sa manche de veste soit réduite en lambeaux.

Des centaines de mains minuscules, à quatre doigts et pourtant si humaines, tentaient d'agripper Franz et Max. Ils s'attendaient, d'un instant à l'autre, à être submergés. Au lieu de quoi, les rats refluèrent, obéissant aux meneurs. Ils se répandirent là où Kremp avait étalé son mélange.

« Que de la gueule, si vous voulez mon avis. Vous verriez ceux des catacombes, de vrais bassets artésiens », dit Kremp en versant le contenu du flacon d'éther dans sa gibecière.

Ils n'avaient plus rien à faire ici. Les trois hommes marchèrent en silence jusqu'à la prochaine station. L'éclairage électrique leur apparut en bout de tunnel, telle cette lumière qui invite les âmes à une vie meilleure.

« C'est pas dommage », grogna Kremp en passant le tourniquet.

Franz avisa une plaque d'émail à l'entrée. L'Éden, désert, se nommait Odéon.

19. CHEZ LE FRIPIER

Latreille, à l'échoppe sise rue Saint-André-des-Arts, vendait de la nippe de seconde main, par kilos ou au détail. Une catégorie toute particulière de pauvres venait s'y approvisionner. Les nécessiteux qui, ayant un rôle à tenir, devaient paraître en société. Étudiants, petits employés et fonctionnaires sans grade connaissaient une fin de mois difficile étalée sur trente jours. Ils étaient ignorés des riches, mais aussi méprisés par les mendigots. En effet, pour l'aristocratie du trottoir, au dénuement fièrement exhibé, il n'y avait pas pire disgrâce que le recours au cache-misère, col de chemise retourné afin d'en dissimuler la crasse, jaquette sombre à l'usure retouchée d'encre noire. Latreille savait la honte de ses clients dont l'indigence fleurissait au revers. C'est pourquoi l'homme de l'art, doublé d'une belle âme, cherchait à les mettre en valeur. Pour ce faire, il se présentait muni des attributs de sa fonction, mètre ruban en sautoir et hérisson piqueté d'épingles au poignet. Ainsi, celui qui franchissait sa porte caressait l'illusion d'entrer chez Old England.

Kremp, Franz et Max se présentèrent à la boutique peu avant sa fermeture. Latreille renâcla tout d'abord, mais en découvrant leur mise breneuse, puant le rat, il les conduisit jusqu'à son arrière-cour, où se trouvait la pompe à eau. Tout en faisant un brin de toilette, Kremp échangea avec le tailleur quelques civilités.

« Ça va les affaires ?

– On n'a pas trop à se plaindre. Et toi, toujours à courir après tes lapins du rail ?

– Oui, mais je compte arrêter en bout d'an.

– Pourquoi ?

– Parce que ce sera l'année du Rat, ils vont plus se tenir. Je fais confiance au calendrier chinetoque, ça relève du savoir millénaire. »

Franz et Max étaient perclus de fatigue. La descente aux tréfonds du Bon Marché, puis la battue dans les tunnels du métro, les avaient soumis à un chaos d'efforts. Ils souhaitaient regagner leur hôtel mais ne pouvaient s'y présenter la mise crasseuse, pareils à des égoutiers. Kremp leur avait alors proposé de se rhabiller en provisoire chez son ami le fripier.

L'intérieur de l'échoppe empestait la naphtaline et le détergent. Ils se frayèrent un chemin parmi les vêtements suspendus à des cintres, dans des housses jaunies. Latreille invita Franz à prendre place face à un miroir triple. Son reflet lui apparut sans consistance, pareil à un mannequin au visage dépourvu de traits, à l'exception d'une ligne de couture qui lui barrait la face.

« On va bien vous dégotter quelque chose dans tout ce falbala. »

Le fripier lui proposa une veste sport et un pantalon mille raies. Franz passa à l'essayage.

« Va falloir reprendre. »

Épingles fichées entre les lèvres, Latreille s'activait autour de son client, épaulant ici, retouchant là.

« Et voilà, un ourlet fait comme de rien.»

Ce n'était pas si mal. Max enfila un complet tandis que Kremp patientait, la gibecière posée à ses pieds. Une tête noire en sortit, taillée en biseau, remuant des moustaches. L'éther ne faisait plus effet.

« Laissez, je m'en occupe », dit Latreille qui appela son commis.

Le garçon sortit de la remise. La créature qui se tenait devant eux, filiforme, la peau terriblement pâle et veinée de bleu, exhibait une tête en obus. Ses cheveux fillasses retombaient sur des oreilles appelant le fer à repasser. On lui donnait dix ans, pour ce que Latreille en savait.

« Il vient de Béthune, je l'ai en placement. Tout le rouge qu'a bu sa mère ne lui a pas teinté les joues, et en plus il me fait de l'anémie. Le docteur lui a trouvé une carence en fer. Du coup, je l'envoie chaque matin aux abattoirs de Corentin avec une ordonnance, pour boire un verre de sang. »

Le commis émit un rire grêle en voyant la gibecière s'agiter. Kremp tira de sa poche quelques pièces et un cigare.

« Ça te dirait de gagner des sous en tétant un brûle-gueule ? Tu n'auras qu'à rejeter la fumée dans le sac, pour les assommer.

– En plus cela t'endurcira les poumons », approuva le fripier.

Le garçon s'exécuta, l'ardeur fouettée, jusqu'à ce que Kremp l'arrête.

« Faudrait pas non plus les asphyxier », dit-il en entourant sa gibecière d'une bonne longueur de bolduc.

Latreille congédia son commis qui s'en retourna comme une bête obéissante. Puis le tailleur porta une dernière main à ses retouches jusqu'à ce que tous trois soient rhabillés de chic. Ils récupérèrent leurs effets salis dans un sac de jute, Max régla la facture.

La nuit étant depuis longtemps tombée, Franz suggéra à Kremp que la compagnie se sépare.

« Pensez donc ! Je dois faire enregistrer mes champions chez le vin-crémier, pas plus loin qu'au bout de la rue. On ne va pas se quitter sans vider un godet ? »

20. À LA LAITERIE DU PARADOXE

Située face à la rue Pavée, la Laiterie du Paradoxe tenait son nom de ce que l'on y vivait à rebours, la nuit et jamais en journée, et qu'il s'y disait des choses impossibles. Tenancier et consommateurs avaient la tête tournée comme du lait.

Kremp, Franz et Max pénétrèrent dans l'établissement, une salle sombre et étroite, aux murs uniquement décorés d'un portrait de George Washington et d'une taille-douce représentant un haut fait de la révolution belge. Comptoir et mobilier, peints en gros vert, semblaient émerger de la sciure qui recouvrait le sol. Un poêle Godin en tôle noire dispensait une chaleur d'étuve. L'odeur de fonte chauffée se mêlait aux relents de vin, d'haleines trempées et, Franz devait l'admettre, d'excréments.

Leur arrivée ne suscita aucun intérêt. Une fille de salle, maigre et sans poitrine, traîna des sabots jusqu'à la seule table occupée. Le gros de la clientèle buvait debout, amarré au zinc.

« Tu ne vas pas me laisser crever de la guillotine sèche ? » dit Kremp en s'agrippant la gorge.

Le tenancier, un colosse au crâne tondu, pelait des pommes de terre au-dessus d'une bassine en fer galvanisé.

« Ça sera ?

– Une eau minérale d'Auteuil. »

En réponse à Franz, les buveurs du comptoir s'esclaffèrent, la trogne couperosée et blafarde, comme souvent chez le personnel d'abattoirs. Les cabocheurs des Halles, qui fracassaient le crâne des moutons, se poussèrent pour leur laisser de la place. Une marque de courtoisie guère attendue de brutes pour qui la Laiterie du Paradoxe était comme un second foyer, moins les soucis de la vie domestique. Franz en déduisit que Kremp y avait ses connaissances, ce que confirma l'intéressé en passant commande.

« Ton rince-cochon. »

Le patron déposa les pommes de terre sur une balance Roberval puis se frotta les paumes à son tablier bleu servant aussi d'essuie-verre. Il disposa trois ballons qu'il emplit d'un liquide transparent.

« À la bonne vôtre ! » fit l'un des habitués en levant sa chopine.

Polis, Franz et Max l'accompagnèrent. La gnôle, aussitôt en bouche, partit comme un feu de brousse, carbonisant leur intérieur pour exploser en un lieu inattendu du cerveau qui se croyait hors de portée.

« De la pisse d'ange », apprécia Kremp en clappant des lèvres.

Le maître des lieux déplia un couteau à manche en corne et découpa des tranches de cervelas sur une tablette. La clientèle y piocha en un sans-façon bon enfant.

Franz se trouvait tiraillé entre migraine et nausée. Aux odeurs de merde s'ajoutait maintenant un tumulte de cris, de pépiements, le tout semblant provenir de l'arrière-salle.

« On se croirait en Toscane », lâcha Max qui n'y avait jamais mis les pieds.

L'unique client en salle, affalé à sa table, releva un instant la tête, sourire tordu par l'alcool. Franz remarqua son visage anguleux, mangé par une barbe aussi épaisse et noire que sa tignasse emmêlée. En dépit d'un teint maladif, il dégageait une sorte de séduction, par détour.

Les exclamations en provenance du fond redoublèrent, attirant l'attention de Franz.

« J'arrive de suite », fit le tenancier en saisissant un nerf de bœuf avant de rejoindre l'arrière-salle, suivi par la fille en sabots.

S'en suivit un concert d'agonie d'où réapparut le patron, couvert de plumes et de sang, tenant une cage vide à l'armature défoncée. Devant l'air interdit qu'affichaient Franz et Max, il commenta, laconique :

« On vend aussi de la perruche et du singe. »

Ce qui expliquait tout. Par association d'idées, Kremp déposa sa gibecière sur le comptoir.

« Tu peux me les peser ?

– Sûr. Faut que j'enregistre ?

– Oui, pour ce soir. »

Le patron ôta les pommes de terre de la balance. Tandis qu'il s'activait, Kremp lui fit la conversation qui se porta assez vite sur l'unique client de la salle.

« Qu'est-ce qu'il a ?

– Il use sa douleur, comme tous les soirs.

– J'ai le cœur qui poigne en le voyant, ça ferait pleurer une brique.

– Faut voir aussi ce qu'il s'expédie dans le cornet.

– Ce n'est pas lui qui consomme du vin, c'est le vin qui le consomme, déplora un habitué.

– En plus il s'est fait jeter par Evatima Tardo. »

Une lueur brilla dans les yeux de Kremp.

« Quoi, la Tardo est de retour à Paris ?

– Je veux, et il a pas pu lui garnir le saloir. »

Les cabocheurs s'étranglèrent de rire. Le client réagit aussitôt. Il se redressa tant bien que mal, yeux troubles, bouche pâteuse, et dégorgea un tombereau de menaces.

« De vrai ? fit le patron sans relever la tête. Amuse-toi à le faire et tu sauras la suite. »

Bâti comme un bâton de sucette, le client parut hésiter, fragile et dérisoire dans sa veste de coutil aux manches coupées à la va-vite, les pieds nus chaussés d'espadrilles. Il retomba sur sa chaise, écrasé par le mépris général. L'assemblée s'abîma dans le silence que finit par rompre le patron :

« C'est Modi. L'a beau séduire les filles, on ne m'ôtera pas de l'idée qu'il a l'âme efféminée. Le fiel lui sort de partout. Après il regrette, mais le mal est fait.

– J'ai connu ça au bled, approuva Kremp, un sous-officier qui poussait les hommes à la faute. Un vrai éleveur d'emmerdes. On ne pouvait pas l'arrêter tant qu'il n'avait pas provoqué d'histoire. Certains vivent pour chercher l'embrouille.

– Moi je les aide à la trouver, fit le patron en pesant le dernier rat. Voilà, et tiens ton ticket pour le receveur. »

Franz régla les consommations. Alors qu'ils s'apprêtaient à sortir, Max s'arrêta à hauteur du client.

Sa table était couverte de dessins emballés dans du papier journal.

« Je peux voir ? »

L'homme hésita, peu sûr de lui. Comme Max semblait tout à fait sérieux, il lui tendit un croquis.

« Un autre ? » fit Max en inclinant la tête sur le côté.

Nerveux, le client fourragea sa chevelure, se coiffant avec les doigts, comme une machine à carder la laine des matelas. Il déroula un dessin.

« Cinq francs pour chaque. J'ai aussi des peintures chez moi… Ça m'aiderait à payer mon chauffage, au mauvais de l'année. »

On percevait dans sa voix, empreinte de tristesse, le combat que se livraient l'espoir et la peur.

« Avez-vous déjà pensé à faire de la sculpture ? » demanda Max.

La question prit l'artiste au dépourvu.

« Non, pourquoi ?

– Eh bien, comme vous ne semblez jamais terminer vos dessins, là par exemple, ce visage, non mais franchement, un seul œil, j'ai pensé que vous pourriez sculpter. Nul besoin de tracer tous les traits pour obtenir un résultat. Par exemple chez nous, mon ami ici présent et moi-même venons de Prague, chacun connaît le rabbi Bezalel Löw… »

Max raconta alors l'histoire du Golem, un géant de forme à peine ébauchée, modelé dans la glaise, qu'un simple mot inscrit sur son front avait éveillé à la vie. Les yeux de l'artiste, d'abord recouverts d'une pruine, prirent l'éclat de la braise. Il se confondit en remerciements, remballa ses dessins, jeta quelques pièces et fila droit chez lui.

Max sourit avec bienveillance en le voyant détaler.

« L'Italien est par nature poète. Donnez-lui une mandoline et il est heureux comme un enfant. »

21. AU RATODROME

Franz avait su se montrer inflexible. Contrairement à Max qui ne voulait d'aucune façon paraître grossier, il s'était catégoriquement opposé à poursuivre l'aventure. Terminées, les lubies de Kremp. Son réquisitoire devait toutefois comporter une faille. Franz la chercha vainement durant le long trajet sur la ligne de tramway Madeleine-Neuilly à destination du ratodrome.

Les trois hommes descendirent place de la Porte-des-Ternes. Kremp les fit passer à travers les planches disjointes d'une palissade. Ils s'enfoncèrent dans une vaste étendue de terrains vagues à l'herbe pelée, plantés d'orties. Franz grelotait dans ses vêtements de misère. La chaleur de la gnôle s'était depuis longtemps dissipée, lui laissant migraine et mal au cœur. Max ne valait guère mieux, visage crayeux, démarche incertaine comme un squelette privé de tendons. *Lui, personne ne l'avait forcé à venir. La faute à qui s'ils déchantaient d'heure en heure ? Après tout, quand on a le vertige, on se tient loin du gouffre*, songea Franz. Il fut plusieurs fois tenté d'en faire réflexion à son ami, pour finalement remettre tout cela à plus tard. Mieux valait se concentrer sur Kremp qui évoluait à son aise dans l'étrange friche urbaine séparant Neuilly du boulevard Gouvion-Saint-Cyr.

« Nous y sommes. »

Plantée au milieu de la plaine galeuse se trouvait une rotonde, biscornue, d'assez belle taille. Sa caisse en bois résonnait de cris. Les rats dans la gibecière commencèrent à s'agiter.

« À cause de l'attente. Faut les comprendre, c'est impatientant. »

Kremp se présenta au portier, un Arabe maigre, tout en nerfs, qui avait relevé le col de son veston.

« Du monde, ce soir ?

– Les raclures habituelles et quelques types de la haute.

– On peut entrer ? »

L'intérieur de la bâtisse, chichement éclairé aux quinquets, baignait dans des relents de musc et d'ammoniaque. Une centaine d'hommes se tenait massée autour d'une cloison circulaire, d'environ un mètre de haut pour trois de diamètre. Des billets graisseux circulaient de main en main. Un employé se fraya un chemin parmi les rangs, tenant une longue perche prolongée par un collier en fil de fer. Il la plongea dans la fosse pour y pêcher un chien couvert de morsures. L'animal écumait, le regard fou. Il avait remporté l'épreuve.

« M'a l'air d'un champion », fit Kremp sans s'intéresser plus avant à la scène.

Franz et Max le suivirent au fond de la rotonde où se trouvait le receveur. L'homme, au visage écaillé par la petite vérole, était entouré de cuves en zinc où attendaient les rats. Il prit la gibecière et le ticket de pesée fourni par la Laiterie du Paradoxe. On pouvait parier sur les chiens ou sur la rataille. Kremp engagea une somme folle.

« Sur mes mignons. »

Max lança un regard inquiet à Franz qui, de son côté, observait fixement, posé sur le comptoir, un ratier empaillé, vedette d'un temps révolu.

« Cela fait tout de même beaucoup d'argent, murmura Max à l'oreille de Franz.

– Kremp peut se le permettre. Il est banquier. »

Ce qui rassura Max, du moins en partie. L'attitude de son ami l'étonnait. Contre toute attente, Franz faisait montre d'un calme souverain. En réalité, depuis leur entrée dans la place, il avait franchi un seuil critique, ou quelque chose dans ce goût-là. La situation était à ce point improbable que Franz avait décidé de s'épargner sa propre incrédulité et de prendre les choses à mesure qu'elles se présenteraient, comme un funambule avance pas à pas sur son fil. Décision fragile qui à tout instant pouvait laisser place à l'horreur. Aussi Franz cherchait-il à maîtriser l'ensemble en fixant chaque détail, maintenu scrupuleusement à sa place. À l'autre bout de la rotonde, on pesait les chiens, le receveur plantait les tickets des paris sur un long clou, les bassines pleines de rongeurs semblaient offrir des bouquets d'incisives.

Kremp parut lire dans les pensées de Franz.

« Ce que vous voyez ici n'est pas grand-chose. Rien de comparable avec le club des ratiers de Bruges. On y organise des matchs de cent rats pour cent francs. Un homme rentre torse nu dans un sac qui contient cent rats. S'il y reste cinq minutes sans en tuer un seul, il remporte l'argent.

– Et s'il tue un rat ? demanda Franz.

– La mort de l'un d'eux les rend fous. Il finit pelé vif. »

Le receveur vida une bouteille de bière dans chaque cuve en zinc, dernier repas du condamné.

« Tu penses avoir la baraka ? » fit une voix de basse derrière eux.

Elle s'adressait à Kremp. Franz et Max reculèrent en voyant apparaître le géant d'ébène, cou massif aux veines comme des câbles, bras et jambes pareils à des troncs, le coffre moulé dans un tricot de marin. Kremp laissa éclater sa joie, un rire féroce valant pour compliment.

« Sur ma parole, c'est Béhanzin, le roi du Dahomey !

– Et voici ma couronne ! » fit le Nègre en touchant l'anneau d'or qu'il portait à l'oreille.

L'homme dégageait une forte impression de puissance. De folie, aussi, elle se lisait dans ses yeux.

« On m'a dit que tu as misé gros, alors je suis venu voir.

– Dis à tes gars que c'est quand ils veulent. »

Le roi Béhanzin sourit et se rapprocha de la rotonde. Franz vit qu'il en imposait à tous, loqueteux ou bourgeois. À son signal, deux employés préparèrent le prochain combat. L'un ôta la muselière d'un fox et fourra le nez dans sa gueule pour en vérifier l'haleine. Certains propriétaires de terriers leur donnaient de la menthe, ce qui perturbait les rats et valait pour tricherie. L'autre entra dans la fosse, chargé d'un seau. Il portait un tablier de cuir. De la ficelle maintenait serré le bas de ses pantalons, afin que les rats ne puissent remonter ses jambes. Il déversa le contenu du seau puis éparpilla les rongeurs en les poussant du pied, avant de retourner sur chacun un pot de fleur. Après s'être assuré qu'ils étaient tous prisonniers, il passa au-dessus de la paroi circulaire, suffisamment haute pour que les rats n'en puissent s'échapper.

L'assistance attendait en silence l'ordre du roi Béhanzin. Il tira de sa poche un chronomètre hors de prix, l'observa longuement avant de tonner :

« Lâchez-le ! »

Le fox tomba sur ses pattes, bouscula les pots de fleur suivant une leçon bien apprise. Il saisit un rat et lui croqua la nuque. Un autre finit déchiré, ses entrailles répandues sur le flanc intérieur de la paroi que les rats tentaient d'escalader, dressés sur leurs pattes, griffes raclant le bois en quête du moindre interstice, poussant des couinements étranglés. Un employé tournait autour de la fosse, frappant la caisse afin de maintenir les rats en fureur. Certains se retournaient contre le terrier, lui arrachant la chair par lambeaux tandis que l'assistance scandait un refrain du cru :

« Un rat, deux rats, trois rats !
Des rats par-ci, des rats par-là ! »

L'affaire pliée, le roi Béhanzin consulta son chronomètre.

« Moins de cinq minutes. »

Kremp n'eut aucune réaction.

« Faut que tu passes à la caisse.

– J'ai pas le moindre fifrelin. »

Le roi Béhanzin fixa Kremp, ses yeux à la sclère jaune injectée de sang. L'assistance attendait, prête à voir le mauvais payeur livré en pâture aux chiens.

« Toi et moi, on n'est pas nés d'hier.

– Pour sûr.

– Va falloir raquer, tu saisis ? »

Kremp demeura sans mouvement. Max intervint alors et, tant qu'à éprouver sa propre audace, s'adressa directement au roi Béhanzin :

« À qui revient l'argent ?

– Au propriétaire du chien. Il touche, et après je perçois mon pourcentage.

– Ce monsieur est-il présent ?

– Non, il nous a donné ses consignes.

– Peut-on, dans ce cas, envisager un délai ? »

Mâchoires serrées, le roi Béhanzin hocha la tête. Max s'adressa à Kremp :

« Disposez-vous de l'argent ?

– Non.

– Pouvez-vous en demander aux vôtres ? »

Kremp explosa en fureur.

« Quand votre famille reçoit une lettre de son enfant, elle lui répond quand elle a le temps ! Alors je n'ai rien attendu de personne et je me suis fait tout seul ! »

S'en suivit une litanie autour des choses qui ne risquaient pas de changer. Il cotisait au Sou du Soldat, société affichant un million de capital, qui prenait au ventre des vétérans et leur tondait le dos. Pas question de se faire plumer davantage.

Max chercha le soutien de Franz. Sans succès, il étudiait le décor.

« Mais alors, comment va-t-on faire ?

– C'est vous qui êtes venus me chercher. À vous de payer. »

22. À LA POSTE

Le bureau des Postes, Télégraphe et Téléphone, était ouvert toute la nuit. Franz et Max entrèrent dans le bâtiment à lanterne bleue tandis que Kremp restait bouder dehors. Cela valait mieux. Les deux amis s'apprêtaient à mener une transaction délicate.

L'intérieur, aux murs couverts d'avis officiels, dégageait ce sourd ennui propre aux administrations. Franz et Max s'en trouvèrent aussitôt rassurés. Après toutes ces aventures la fatigue demeurait, mais la grisaille des lieux leur redonnait confiance. Ils n'ignoraient pas la routine du fonctionnaire.

Le comptoir présentait deux guichets, séparés par un coffrage au plateau piqueté d'encre, là où plumes, encriers et buvards se trouvaient à disposition du public. Franz étudia les préposées. La première, aux traits froissés d'amertume, était affligée d'une verrue au-dessus de la bouche qui lui faisait les lèvres en bec-de-cane. La seconde échappait au regard. Tout était là, sur sa face, mais d'une façon provisoire, sans parvenir à se fixer. Le visage de la postière manquait à ce point de remarquable qu'on s'obligeait à y revenir. Franz, qui s'exerçait chaque jour à gommer ses expressions afin de passer inaperçu, y vit son exact contrepoint et en ressentit du respect.

« Je m'en occupe. »

Max l'avait exigé. En tant qu'employé à la section juridique de la direction des Postes pour Prague et ses environs, c'est lui qui mènerait la transaction. Franz ne pouvait qu'approuver. La Poste était une chose bien mystérieuse. Franz avait lu quelque part que les rabbins de Varsovie avaient obtenu des services postaux qu'ils encerclent la ville par un réseau de fils téléphoniques et télégraphiques, de manière à la consacrer. Ainsi, les Juifs pouvaient-ils passer outre certaines interdictions durant le Shabbat, comme faire des courses ou écrire.

Autant laisser faire l'initié. Max s'approcha du comptoir, à égale distance des deux guichets.

« Mes hommages, chères collègues ! »

Les deux préposées le fixèrent comme s'il venait fourcher du purin.

« À c't'heure, z'avez des envies de rigolade ? » demanda Bec-de-cane.

Sa collègue fit écho mot pour mot tout en calibrant un pèse-lettre. Face à pareille couvée d'intelligences, Max perdit ses moyens, laissant la postière embrayer :

« C'est à peine si on nous salue, et jamais on ne reçoit d'excuses. Alors votre ironie, bernique !

– Madame, jamais je ne me permettrais...

– Il me donne du Madame. Vous croyez que je suis bonne qu'à lécher des timbres ? Eh bien sachez qu'ici ça se fait au-to-ma-ti-que-ment !

– Automatiquement ! confirma l'autre guichet.

– Nous sommes des receveuses de deuxième classe, titulaires du certificat d'études. Alors on n'est pas plus sottes, vous pouvez en dire autant ? »

Max adressa un regard implorant à Franz qui reprenait progressivement pied. Loin des rats, toutes sortes de pensées s'éveillaient à nouveau. Il laissa cependant à Max le soin de conclure.

« Nous aimerions envoyer un télégramme.

– M'avez pas l'air d'ici. Passeports. »

Max fouilla dans le sac de jute qui contenait leurs effets. Bec-de-cane étudia les documents en fronçant le nez, avant d'enclencher l'appareil Baudot, une boîte carrée dont la bobine dévidait un ruban de papier.

« À destination de Prague ? demanda Max à Franz.

– Non, l'éditeur est rentré à Leipzig.

– Tu es sûr ?

– Il y est retourné cette semaine. Ernst Rowohlt et Kurt Wolff devaient honorer plusieurs rendez-vous.

– Bon, alors dans ce cas, pour Leipzig. Je vous donne l'adresse », fit Max à la receveuse.

Trois bons mètres de ruban télégraphique gisaient à ses pieds.

« Qu'avez-vous fait ? s'écria Max.

– Je tape sous votre dictée.

– Quoi, notre conversation ? Mais enfin, vous avez bien vu que je parlais à mon ami !

– Fallait le dire.

– Et puis arrêtez d'appuyer sur cette machine !

– Le service vous sera compté. »

Max gémit en déboursant la somme. Il était temps d'intervenir. Franz lâcha d'une voix de rogomme :

« Ce serait pour téléphoner.

– Faut voir avec ma collègue », répondit Bec-de-cane.

Ils se rendirent au second guichet. La préposée se tenait assise devant un tableau à fiches.

« Passeports. »

Franz ne la quittait pas des yeux, craignant qu'au moindre battement de paupières son visage ne s'enfuie. Il faudrait alors tout reprendre, depuis le début.

« En local ou pour l'étranger ?

– Leipzig.

– Service international. Dix francs les trois minutes, vous acceptez ?

– Oui.

– Pouvez passer en cabine. Comptez quarante minutes avant l'appel. »

Franz, qui arrivait toujours en retard, pouvait supporter l'attente avec la patience d'un bœuf. Max rejoignit Kremp au-dehors. Franz s'enferma dans une guérite de chêne entièrement capitonnée. Deux écouteurs pendaient de chaque côté d'une petite boîte en bois clouée au mur. Franz en voulait à Max d'avoir échoué. Par sa faute, il se retrouvait à téléphoner, alors que tout dans cet appareil le répugnait. On parlait à travers une grille, combien de bouches s'en étaient approchées ? La sonnerie lui vrilla les nerfs.

« Le central, je vous mets en communication. »

Suivirent plusieurs minutes de grésillements, jusqu'à ce qu'une voix au timbre las finisse par répondre :

« Monsieur Kafka ?

– Monsieur Rowohlt ?

– Non, l'éditeur est allé se coucher. Ici Kurt Wolff, il me restait du travail à finir. Avez-vous connaissance de l'heure, monsieur Kafka ? Nous sommes au cœur de la nuit.

– Je vous prie humblement de m'excuser, monsieur Wolff. Seule l'extrême gravité de l'affaire m'autorise à vous déranger.

– De quoi s'agit-il ?

– De M. Arthur Kremp, l'ami de votre employeur. »

Franz déroula alors toute l'histoire pour conclure par le montant du débours.

« Dix mille francs ? Monsieur Kafka, il s'agit là d'une somme importante. »

À travers la friture, Franz comprit que Wolff réfléchissait. La ligne de téléphone joignait les inconciliables, l'exubérance parisienne à la rigueur allemande.

« Pourriez-vous me donner une description physique de M. Kremp ? Par prudence, afin d'éviter toute méprise. »

Franz s'exécuta. Le silence qui suivit le mit au supplice.

« Très bien, monsieur Kafka. Dès l'ouverture des banques, j'autoriserai un virement. Votre compte sera approvisionné, il suffira de signer un chèque de voyage. »

Franz se confondit en remerciements, régla d'un cœur léger la postière. En entendant la bonne nouvelle, Max poussa un soupir de soulagement.

« Z'y avez mis le temps, fit Kremp. Bon, c'est pas que je m'ennuie, mais va falloir que j'y aille. »

Considérant sa main tendue, à plat pour recevoir le chèque et non les saluer, Max déclara d'un ton vif :

« Monsieur, il est de notre devoir de vous accompagner. Un âne ne butte pas deux fois sur la même pierre, nous exigeons de savoir où va l'argent. »

Kremp les fixa tour à tour, un regard transparent, brûlant comme de la glace.

« Très bien, j'admire l'esprit de suite. Mais là où je vais, faudra pas venir pleurer. »

23. À LA RUCHE

Après avoir avalé une soupe aux choux chez un bougnat, Kremp, Franz et Max s'enfoncèrent dans une complication de tours et détours. Ils parvinrent rue de la Convention, obliquèrent à gauche pour se retrouver au cœur de Vaugirard. La zone, désolée, empestait les tanneries et l'on entendait au loin le sifflement d'un train. Au coin du passage Dantzig se trouvait un café dont les vitres avaient été remplacées par du papier sulfure. À travers, on distinguait la clientèle des heures incertaines. Une collection d'hommes aux visages exsangues, yeux cernés, paletots raidis par la crasse, se coudoyaient dans la même misère. Ils se tenaient courbés au-dessus d'une tasse de vin noir, ployant sous la charge, dévertébrés par le poids du malheur.

« Ce n'est pas beau, l'humanité qui espère », fit Kremp.

L'un des clients fut pris de nausée et se souilla, oscillant sur sa chaise sans pratiquement bouger, pour finir par rire d'une joie de brute. Franz ne souhaita pas en voir davantage.

« Qui sont ces gens ? » demanda Max.

À l'évidence, le spectacle affectait Kremp bien plus qu'il n'en voulait laisser paraître. Il finit par répondre :

« Le fond du sac, choisi de main haute. Un bon nombre de Slaves qui sont venus à Paris pour vivre de leur art, ou au moins le faire connaître. Voyez le résultat.

– Leur art ? s'étonna Max.

– Peinture ou sculpture. Le pire, dans tout ça, c'est que beaucoup ont un véritable talent. Venez, on va chez eux. »

Arrivés au 2, passage Dantzig, Kremp poussa la grille en fer forgé. Ils entrèrent dans le jardin qu'envahissait un fouillis d'herbes hautes. Quantité de poubelles renversées, d'où s'échappait un tombereau d'ordures, gisaient au pied d'un ange aux ailes entravées par des roses sculptées. Cette beauté méphitique émut Franz, et lui donna en même temps la désagréable impression d'entrer par effraction.

« À partir de maintenant, on le fait à ma manière », prévint Kremp.

La loge de la gardienne se trouvait à droite, face à la maison du propriétaire. Un sentier, bordé par du bois de récupération, menait au bâtiment central. Anciennement pavillon des vins de Bordeaux, précisa Kremp, lors de l'Exposition universelle organisée à la naissance du siècle. De fait, bien que tombant en décrépitude, la structure conservait de beaux restes, trois étages montés en octogone sur une charpente métallique conçue par Gustave Eiffel. Le tout avait été racheté au prix du jour par un certain Alfred Boucher qui voulait en faire une demeure pour artistes. Boucher taquinait lui-même les muses avec un certain succès dont le caractère officiel, médailles et commandes de notaires, s'était progressivement transformé en culpabilité. C'est pourquoi il tenait l'endroit à disposition de créateurs moins chanceux.

« Une attention louable, commenta Max.

– Attendez d'y être », répondit Kremp en roulant une cigarette.

La fumée irrita Franz jusqu'à ce qu'il se surprenne à l'inhaler, traquant la moindre volute plutôt que l'atroce puanteur qui se dégageait du bâtiment.

Les trois hommes pénétrèrent dans le pavillon. Son rez-de-chaussée, et les trois étages, étaient divisés en dizaines de portions triangulaires qui avaient l'air d'alvéoles, d'où le surnom de Ruche attribué au lieu. Les hauteurs étaient dévolues aux peintres. On réservait le bas à la sculpture pour éviter la charge de monter les pierres à tailler.

L'odeur insoutenable saisissait la gorge, remontait au cerveau. Le jugement infléchi, Franz posa une question :

« Qu'en est-il des sanitaires ?

– Pas d'eau, juste la fontaine dans la cour. Pour ce qui est des toilettes, un trou au rez-de-chaussée qui fait l'usage d'environ deux cents personnes. La plupart phtisiques, alcooliques, tous sujets à la chiasse que cause une mauvaise alimentation. Sans parler de la syphilis. Disons qu'on se croirait un peu en vacances.

– Ces gens doivent souffrir du manque d'hygiène ! s'indigna Franz.

– Possible, mais ils y tiennent. Les décrotter, ce serait leur ôter l'ardeur. »

Max jeta un regard alentour. On les fixait depuis les étages et l'escalier central, d'un regard de tribu hostile.

« L'homme à qui vous devez l'argent habite ici ?

– Non, mais il fréquente du monde. Faut dire qu'on trouve que de la qualité, même si personne ne peut y être l'ami de personne. »

Un individu robuste, de taille moyenne, au beau visage plein, marcha d'un pas déterminé pour se planter face à Kremp. Contrairement aux occupants des lieux, il était impeccablement vêtu.

« Je croyais que la police t'avait serré ? » dit Kremp.

L'homme sourit, balayant la question d'un moulinet de la main.

« Rien d'aussi brutal. Le commissaire Hamard est venu me chercher en taxi et j'ai eu le droit d'emporter ma flanelle.

– T'as quand même fait un séjour à la Santé ?

– Avec des repas à quatre plats, s'il vous plaît.

– Me sers pas des carabistouilles…

– Le principal, c'est qu'on m'a élargi. Et me voilà.

– D'un clapier l'autre, pas sûr que tu aies gagné au change. »

Kremp se tourna vers Max et hocha la tête. Il était temps de payer. Max inscrivit la somme sur un chèque de voyage. L'homme y apposa sa signature. *Guillaume Apollinaire*, lut Franz, une version francisée du nom imprimé en pleine page à la une du *Figaro*. Le suspect, dans l'affaire de la Joconde.

« Excuse du retard, fit Kremp.

– Penses-tu ! Quand j'ai su que c'était toi, je ne me suis pas fait de bile. Ta fierté va aux rats, tu les adores comme les sauvages honorent leurs totems. »

Apollinaire pointa du menton Max et Franz.

« Tu me présentes ?

– Deux messieurs, en provenance de Prague.

– Je connais un peu. L'horloge de l'hôtel de ville qui tourne à l'envers... »

Franz se trouva aussitôt dans l'embarras. Il ne pouvait laisser dire, accepter par politesse un chromo réducteur. D'un autre côté, qui était-il pour, dès leur premier échange, corriger cette personne affable, comme un instituteur tancerait un bon élève ? Il déclara d'un ton doux :

« Non, cher monsieur, Prague ce n'est pas cela. La ville est une lumière, une ruelle, l'odeur de cendres et de soupe chaude, une menace que l'on apprend à aimer. »

Un magnifique sourire éclaira la face d'Apollinaire.

« Je l'aime bien, dit-il à Kremp. Et si on allait fêter ça ? »

Faisant demi-tour, il prit la direction des ateliers et, sans s'arrêter, beugla en brandissant le chèque :

« Tout le monde va se taper du filet mignon ! »

Une explosion de hourras accueillit l'annonce, puis retomba en toux et sifflements poitrinaires.

La cellule comptait une unique fenêtre, condamnée par du tissu matelassé afin que la lumière n'entre pas. Par inconvénient, le dispositif retenait les relents de hareng frit mêlés de térébenthine qui imprégnaient l'espace exigu. L'endroit, vaguement triangulaire, servait à la fois d'atelier et de pièce à vivre. Des tréteaux supportaient une toile, non loin d'un sommier posé à même le sol. Plusieurs cageots à fruits tenaient lieu de mobilier, la plupart croulant sous les pots transparents où macéraient des pinceaux. *Tout de même un seau hygiénique*, apprécia Franz faute de mieux. L'occupant des lieux, un grand costaud, leur tournait le dos. Vêtu d'un maillot de corps et de caleçons longs Lasurel, il frottait les murs au moyen d'un balai imprégné d'alcool à brûler.

« C'est coquet ici », fit Kremp.

Le gaillard répondit tout en s'activant :

« Faut laver, à cause des punaises. Il y a quelques jours, un Russkof en avait plusieurs dans l'oreille. L'a fallu lui faire couler de la cire de bougie dans le conduit. Pas eu besoin de payer un docteur pour l'ouvrir. »

Il finit par se retourner. Cheveux plaqués sur le côté, moustache courte, visage à l'expression d'ours qui peut tout aussi bien se montrer placide ou furieux, Franz le reconnut aussitôt. C'était le peintre du Bois de Boulogne, celui qui, au Jardin Zoologique, avait si bien représenté le tigre sous la forme d'un cylindre criblé de triangles noirs et bruns.

« Fernand, sers donc un coup de ton genièvre », fit Apollinaire en lui montrant le chèque.

L'homme laissa tomber son balai. Il se pencha au-dessus d'une cantine militaire, y préleva une bouteille en grès, avant de choisir dans sa collection des pots qui n'étaient pas trop sales, pour les remplir à ras bord. Le liquide transparent se colora d'orange, de vert ou de carmin selon les pigments qui maculaient le fond de chaque récipient. Comme tout le monde levait le coude, y compris Max, Franz s'obligea à faire de même. Il y trempa seulement ses lèvres, mais l'alcool attaqua aussitôt l'œsophage. Ce verre, succédant à la gnole de la Laiterie, y ajoutait ses effets, et la soupe aux choux prise entre deux n'y changeait pas grand-chose.

« Tu devrais leur montrer ton tableau, suggéra Apollinaire.

– Je te demande de nous lire un de tes trucs ?

– Allez, ne fais donc pas ta mauvaise tête. »

Fernand grogna mais releva la toile posée sur les tréteaux. Franz fut immédiatement happé par la scène. Il eut l'impression de s'enfoncer dans un boisseau de tubes à sections colorées, comme des bâtons d'un jeu de jonchet. L'ensemble semblait pousser à vue d'œil, de guingois, autour d'une silhouette placée au centre, le dos biscornu, sa colonne vertébrale faisant comme une crête. On distinguait aussi des mains à forme de pelles, et des volées de cailloux en accordéons. Impossible de repérer le début de quelque chose, ou un motif achevé, et pourtant tout se tenait. L'ensemble était admirable.

« Y a-t-il une intention de parodie ? » demanda Max.

L'artiste fit volte-face avec l'agilité d'un boxeur.

« Répète ? »

Max sursauta. Il tenta de préciser, l'élocution confite au genièvre :

« Eh bien, ce tableau, ne croirait-on pas des polochons entassés, ou une plomberie défectueuse ?

– Ça fait plus d'un an que je l'ai terminé et j'y reviens sans cesse. T'es un beau saligaud pour dire une chose pareille ! »

Furieux, le peintre broya son pot en verre. Du sang mêlé d'alcool se répandit au sol sans qu'il y prête attention. Au lieu de le calmer, Apollinaire grisolla un rire goguenard.

« Monsieur Léger, le premier peintre tubiste !

– Ta gueule ! De toute façon, vous y entravez que dalle ! Je veux déboîter les corps. Oui, tout ce qui s'emboîte, quoi ! Rien à carrer du reste ! »

Franz se surprit à l'approcher ainsi qu'on le ferait d'un prédateur, sans l'adresse du dompteur, fasciné.

« Vous paraissez peindre les difformités qui ne sont pas encore parvenues à notre conscience. J'aimerais tant savoir dessiner. En réalité, j'essaye sans cesse, mais cela ne donne rien. »

Fernand souffla dans ses moustaches. Apparemment rasséréné, il prit un chiffon maculé de peinture et s'en fit un bandage.

« Et comment tu vas l'appeler ? lui demanda Kremp.

– *À poils dans la forêt.*

– On affinera le titre, fit Apollinaire. À propos de nu, tu savais que la Tardo était de retour à Paris ?

– C'est ce qui se murmure, répondit Kremp.

– Qui est cette personne ? » demanda Max.

Apollinaire et Léger le regardèrent comme s'il venait de tomber de la lune.

« Nos amis ne sont pas d'ici, rappela Kremp.

– C'est vrai, enchaîna le poète. Sachez qu'Evatima Tardo est une divinité, native de Trinitad. Rien ne peut affecter sa beauté splendide, que ce soit le temps qui passe ou tout autre forme d'agression. Certains la prétendent immortelle, on ne sait pas. Hélas, il existe une terrible contrepartie à cette perfection, qui est d'engendrer l'ennui. Alors Evatima s'inflige des épreuves. Visage traversé d'aiguilles, brûlures au fer rouge sur les seins, lames de couteau sous les ongles, jambes parfaites lacérées au rasoir. Pourtant nulle cicatrice ou marque, pas la moindre trace sur cette peau. »

Max fit un bruit de pet avec les lèvres. L'alcool et le scepticisme l'exilaient à mille lieues de son excellente éducation.

« Je vous assure, insista Apollinaire.

– On dit même que la Tardo boit de l'arsenic, renchérit Fernand, et qu'elle va se rendre en Amérique pour que des scientifiques lui inoculent les bacilles du typhus et du choléra. »

Le ton du peintre était timide, respectueux. Max se resservit un pot de genièvre, cette fois d'une belle teinte azurée. Il le vida cul sec.

« Je demande à voir. »

24. AU CABARET DU NÉANT

Entassés dans un taxi, Max, Franz et Kremp, qu'accompagnaient Apollinaire et Léger, roulèrent à tombeau ouvert jusqu'à leur destination. Parvenus au 34, boulevard de Clichy, ils n'avaient pas de quoi payer. Apollinaire présenta son chèque de voyage, largement délavé par l'alcool de genièvre. Ne pouvait-on différer le règlement de la course ? Le chauffeur ne voulut rien entendre et seule l'énorme pogne de Fernand sous son nez le rallia aux arguments. Il fit demi-tour en les agonissant d'insultes au rythme du klaxon.

Une file patientait devant la porte tendue de velours noir, composée d'individus faméliques au sexe incertain. Ils se tenaient immobiles, comme des voyageurs attendant le départ. La tristesse sourdait de chacun, en même temps qu'une puissante odeur de vinaigre. Les habitués du lieu en buvaient pour avoir le teint pâle, quitte à se trouer l'estomac. Après tout, ne faisaient-ils pas de la mort leur patronne ?

Un homme apparut, vêtu en employé des pompes funèbres.

« Approchez, macchabées ! »

Si l'entrée était libre, il fallait toutefois régler le bock à un franc. La compagnie menée par Apollinaire racla ses fonds de poches afin de payer le jeton. Franz et Max n'avaient plus rien.

Un couloir drapé de suaires menait à la salle d'intoxication. D'authentiques crânes et tibias décoraient ses murs. Le croque-mort les plaça à une table en forme de cercueil avant d'allumer un cierge. Un serveur, entortillé de bandelettes à momie, ne leur proposa que deux types de boissons.

« Eau-de-vie ou bière ? »

Du fluide vital à la tombe, c'était là un raccourci d'existence, comprit Franz qui dut composer avec le choix collectif.

« Lapez le suc des défunts », fit le garçon en disposant les verres emplis de calva.

Franz but avec résignation, tous ces alcools forts lui tournaient la tête. L'atmosphère macabre était volontairement factice. Elle n'en déteignait pas moins sur son humeur. Comme au théâtre yiddish, décors et accessoires mettaient en scène le désespoir. On se moquait de l'inéluctable pour s'interdire de pleurer.

Le timbre criard du meneur funèbre dissipa les pensées de Franz.

« Debout les morts, faudrait voir à pas s'attarder ! »

L'assistance le suivit le long d'un couloir qui débouchait sur un caveau à voûtes basses dont les murs, couverts de salpêtre et inclinés, semblaient prêts à se fondre en une masse compacte de pierre brute. Le meneur fit s'asseoir le public sur de simples bancs de planches puis réclama un volontaire.

Max leva aussitôt le doigt.

Franz, hélas, n'en fut pas étonné. Son ami était de ces doux que l'on anime, qu'il faut pousser pour faire bouger. Mais une fois lancé, en authentique timide, rien ne pouvait l'arrêter. Or Max avait depuis longtemps dépassé son taux de fatigue et d'alcool pour s'embarrasser de réserves. Ce qui allait suivre défierait toute tentative de prévision. Comme la fois où, Franz s'en souvenait avec gêne, ils avaient croisé un cortège de moines bouddhistes sur un terrain d'aviation.

Des spectres conduisirent Max au centre de la salle. Il prit place dans un cercueil que l'on redressa à la verticale. Ainsi, chacun pourrait suivre la transformation. L'éclairagiste produisit une illusion étonnante, au moyen d'un projecteur équipé de filtres rouge ou vert. Le corps de Max semblait se décomposer. Franz hoqueta de surprise en voyant la peau de son ami devenir flasque puis se couvrir de marbrures. Elles s'étendirent et rongèrent les chairs sous l'effet d'une corruption accélérée. Le rai de lumière modifia les ombres jusqu'à faire apparaître le squelette, côtes et sternum saillants sur les vêtements. Le défunt souriait à pleins maxillaires. Sa joie prognathe contamina l'assemblée.

Franz se sentit mal. Bien sûr, chaque être était destiné à mourir, mais sans savoir quand ni comment. Assister au trépas de Max lui fit l'effet d'une répétition générale. Son ami disparaîtrait un jour, emportant quantité de petits défauts en même temps qu'une affection sincère. Le monde ne serait plus pareil sans Max. Franz serait condamné à y errer seul, sans plus jamais être en retard à leurs rendez-vous.

« On dirait que ça vous remue », fit Kremp en lui tendant un verre.

Franz éclusa d'un trait la liqueur.

« Et maintenant, tous en salle d'incinération ! »

La dernière pièce, située aux tréfonds du cabaret, était éclairée par une ampoule électrique qui se balançait au bout d'un fil de laiton. Par intermittence, on distinguait la silhouette d'une femme immobile. La masse crépue de ses cheveux noirs lui dissimulait le visage. Elle ne portait qu'un peignoir en soie. La lumière se fit plus intense, révélant une gigantesque croix, couchée en travers de la scène. La femme ôta son peignoir et fut nue, à l'exception d'un pagne. Quelques murmures se firent entendre.

« On est prié de faire silence ! » aboya le meneur funèbre.

Elle écarta les bras, exposant son corps parfait de danseuse. Des motifs torsadés serpentaient sur sa peau cuivrée. Une arborescence sauvage qui, partant du ventre, encerclait sa poitrine haute, se ramifiait le long des bras à la musculature nerveuse et des jambes fuselées.

« Elle a peint ses hypnoglyphes », murmura Fernand.

La femme se coucha sur la croix puis claqua des doigts. Au signal, deux spectres la rejoignirent. L'un tira de sa robe un maillet et l'autre trois longs clous. L'opération s'effectua dans un absolu silence entrecoupé de chocs sourds. Le corps mis au supplice se tordait en suivant la cadence des coups, imprimant un rythme aux arabesques tracées sur la peau. Franz comprit alors pourquoi Fernand les avait nommées hypnoglyphes.

Les signes en mouvement provoquaient un effet de transe qui avait quelque chose de sacré.

Les spectres relevèrent la croix, exhibant Evatima Tardo dans toute sa beauté sacrilège. Le meneur s'adressa à l'assistance.

« Deux gaillards pour se suspendre à ses bras ! » dit-il en fixant Léger.

Fernand refusa, il semblait avoir peur. Franz vit avec soulagement qu'aucun de ses compagnons ne se portait volontaire. Deux hommes à la carrure de trimardeurs s'exécutèrent. Le sang coula à flots des paumes d'Evatima Tardo.

Elle demeura ainsi de longues minutes sous l'éclairage électrique, les muscles saillant par l'effet de la tension. La sueur brouillait les dessins sur sa peau, donnant aux motifs encore plus de complexité.

Petit à petit, sans en être d'abord sûr, le public l'entendit chantonner, une mélopée qui tourna en rire de gorge avant que la Tardo déclare :

« La fête est finie. »

En quelques gestes précis, vifs comme du mercure, elle se libéra et retomba aux pieds de la croix, apparemment indemne. Franz et Max s'apprêtaient à applaudir quand Kremp leur pressa l'épaule.

« Ce n'est pas terminé. »

La Tardo se mit à onduler, séduction et menace du reptile aux attraits discordants. Max avait l'impression qu'un marteau mécanique lui perforait le cœur. Franz songea à la grande Eduardowa des ballets russes qu'il avait vue à Prague deux ans plus tôt, des fleurs piquées à sa ceinture, chacune offerte par un prince. Il avait cru alors succomber aux plus troublants attraits du genre féminin. Ce n'était rien comparé à la Tardo, même le plus sain des poumons en aurait eu le souffle coupé.

Elle avança pieds nus, ses chevilles minces enserrées dans de lourds bracelets d'acier. On pouvait enfin distinguer le visage de la mulâtresse, pommettes saillantes, nez droit, bouche large prête à rire ou à dévorer. Parvenue à hauteur du public, Evatima Tardo chanta d'une voix rauque :

« C'est par ta peau que je mourrai
C'est par elle que je respire
Ah ! Que m'importe que j'expire
Sur ton corps que j'enlacerai
Je veux dans une étreinte ardente
Afin de ne pas mourir seule
De ta peau me faire un linceul
Pour m'ensevelir, chère amante. »

L'auditoire était transporté. Apollinaire déclara aux anges :

« La belle impure… Elle ne chante pas l'ordinaire du bourgeois ! »

Un tonnerre d'applaudissements accueillit la fin du numéro. La Tardo s'inclina, une jeune et jolie brune sortit des coulisses et vint l'enlacer. Elles échangèrent un baiser passionné à moins d'un mètre de Franz qui reconnut aussitôt la prostituée du bordel. Encore las de ses confidences, à l'évidence du flan, il ne put s'empêcher de lui dire :

« Vous aviez affirmé ne plus pouvoir être amoureuse…

– Eh, mais je te reconnais, faut dire que tu m'as bien fait rigoler ! Ben quoi, c'est rapport à mon homme ? C'est sûr que je pouvais plus l'aimer à neuf, vu qu'il était sorti de ma tendresse. Mais j'espérais à nouveau chérir ! Et comme je n'avais pas le goût de lui renvoyer ma réplique avec un autre zigue… »

Evatima Tardo observa longuement Max et Franz.

« Vous êtes ensemble ? » fit-elle d'une voix chaude.

Franz allait confirmer quand son ami se récria :

« Mais nous ne sommes pas, madame, comme truie et verrat !

– Où serait le mal ? Beaucoup d'hommes ici sont de la pointe ou du vase, ils mordent l'épaule ou l'oreiller. Du moment qu'on râle en rut ! »

Le meneur funèbre raccompagna les spectateurs à la sortie. Voyant que le groupe mené par Kremp et Apollinaire ne bougeait pas, il demanda à la Tardo :

« Et ces messieurs ?

– Ils peuvent rester. »

Evatima ne quittait pas Max des yeux. Elle claqua des doigts à hauteur de ses paupières.

« Je suis une femme méchante. Ma part à moi, c'est la peur. »

Au lieu de ciller, Max lui saisit le poignet.

« Il existe des mains qui méritent le baisemain. »

Sa mièvrerie pleine d'assurance intrigua l'artiste. La Tardo le laissa faire, l'observant en étrécissant les yeux, comme si elle sondait son âme.

« Voulez-vous que je vous fasse des chagrins ? » lui demanda-t-elle.

Max hocha la tête. Evatima Tardo l'embrassa à pleine bouche, un baiser lingual qui lui malaxa la glotte. Il s'en souviendrait près de soixante ans plus tard, bassinant tous ceux qui, de près ou de loin, le fréquenteraient à Tel-Aviv.

Franz vit alors son ami basculer. Avisant un piano droit que l'on avait rangé en coulisses, Max commença à jouer un air tzigane tiré de *La Jolie fille de Perth*. Environ au milieu du morceau, il leva les mains du clavier mais continua à jouer la partition, balançant des hanches tel un métronome, affichant un sourire affecté. Sa prestation eut un vif succès.

« Vous me faites l'effet d'un fameux numéro ! approuva la maîtresse de Tardo.

– J'ai su garder le sens populaire.

– Ton copain n'en finit pas d'amuser le tapis ! » s'exclama Kremp à l'intention de Franz, sans réponse de sa part.

Il s'était allongé sur un banc, ivre d'alcool et de fatigue.

Franz sombra dans l'inconscience. Il se retrouva à l'Office des assurances ouvrières, économisant un billet retour. Le directeur Marschner l'avait rappelé de toute urgence suite au dépôt par Ernst Rowohlt d'une plainte officielle. L'éditeur accusait le docteur Kafka de mélanger dans ses rapports des voyelles tchèques aux consonnes allemandes. Franz ne pourrait se laver du soupçon qu'en vérifiant le moindre écrit de son fait.

Un cri de bête blessée le dégrisa. Franz eut l'impression d'être une vitre prête à se briser. À nouveau un cri auquel répondit Kremp :

« Et ça qu'on aurait pu le faire sur le front ! »

Franz se remit lentement sur pied. Tout le monde s'agitait autour de la croix. Un homme y était étendu. Soudain Max se redressa, la chemise ouverte, ensanglantée. La jolie brune riait tout en tâchant de le calmer.

« Ne te frappe pas, enfant du malheur, ça s'arrangera !

– Tuez-moi, sinon vous êtes tous des assassins ! »

Franz le vit se ruer vers la sortie. Il s'apprêtait à le suivre quand la carcasse de Fernand Léger lui barra la route.

« Ah, ça, votre ami manque de camaraderie ! Sur ma parole, on ne m'y reprendra pas de sitôt à vouloir faire plaisir aux gens ! »

Franz le contourna, prit la succession de couloirs en enfilade, s'autorisant plusieurs pauses car il ne tenait plus debout. La respiration sifflante, il parvint finalement à la première salle. Max, recroquevillé dans un cercueil, hurlait à s'en déchirer la gorge :

« Je suis ma propre pierre tombale ! »

Franz avait l'impression de s'être réveillé dans le cerveau de Jérôme Bosch. Rassemblant son attention en dépit d'une claironnante migraine, il tenta de distinguer les vivants des spectres. Evatima Tardo n'était plus là, sa maîtresse l'avait probablement suivie ;

Apollinaire et Kremp commentaient le désarroi de Max :

« Pour pas grand-chose il fait des riens.

– À gueuler comme ça, il va finir par ameuter du monde. »

Une escouade de la police choisit ce moment pour pénétrer en force, à croire qu'elle écoutait aux portes. Les agents en képi et pèlerine ouvraient la voie au commissaire Hamard.

« Comme on se retrouve », dit à Franz le chef de la Sûreté, qu'ils avaient rencontré au Louvre. Les choses redevenaient enfin perméables à la raison. Franz allait ouvrir la bouche quand Hamard tendit le bras, paume dressée, afin de lui intimer le silence.

« Je ne suis pas là pour régler vos problèmes. Je suis votre nouveau problème. »

25. AU COMMISSARIAT

Apollinaire et Léger restèrent au cabaret pour répondre aux questions d'Hamard. Un fourgon cellulaire emmena Franz, Max et Kremp au 16, place des Batignolles. À peines arrivés, ils durent se séparer de leurs effets. En chemise sans col et privés de lacets, on les enferma dans une petite pièce surnommée le Purgatoire. Ses murs, couverts d'un badigeon pisseux, présentaient sur toute leur surface des inscriptions gravées par les prisonniers.

« Avec leurs ongles », précisa Kremp.

Afin de tromper l'attente, et puisque Max était devenu mutique, Franz étudia les dessins. Femmes aux seins et fesses hypertrophiées, voyous dont la turgescence excessive agaçait souvent l'envers d'un gardien de la paix, on aurait dit des fresques du néolithique. Ou les dessins animés d'Émile Cohl qui avaient fait s'évanouir Franz au cinéma Pathé. Il abaissa les yeux. Les lattes du plancher semblaient martelées de poinçons. Leur répartition régulière témoignait d'une harmonie. Lorsque deux agents pénétrèrent dans la pièce, le regard rasant de Franz se porta sur leurs gros souliers à semelles de clous. Les marques profondes dans le bois témoignaient bien d'un ordre, mais qui n'avait rien de rassurant.

L'un des policiers déboucla son ceinturon, ôta sa tunique et suspendit le tout à une patère avant de remonter ses manches de chemise, découvrant des avant-bras puissants, couverts de chaume roux. Il s'ébroua comme un alezan tandis que son collègue allumait une cigarette. Paupière gauche à demi-soudée par la fumée, l'agent observait les trois prisonniers qui lui rappelaient une réclame pour les apéritifs Dubonnet.

« Pas de rouspétance, on se tient coi, murmura Kremp.

– Tu dis ? »

L'agent débraillé fonça droit sur eux. Franz et Kremp se plaquèrent au mur mais il s'adressa à Max :

« T'as l'intention de me courir sur le haricot ?

– Je crains qu'il ne s'agisse d'une méprise… » risqua Franz.

Le policier lui aboya en pleine face :

« Je t'ai sonné ? Non, alors ne m'échauffe pas la bile. Et puis t'es quoi, toi, d'abord, avec ton accent de rastaquouère ? »

Il saisit Max par le col et le traîna hors de la pièce. L'autre policier écrasa son mégot avant de sortir à son tour. Franz vit qu'il avait gravé de nouveaux points sur le parquet. Un chahut de chaises déplacées retint toute son attention.

« Je vais te lire la vie, quelque chose de soigné ! »

Suivit une gifle, Max ne proféra aucun son.

« Faut pas nous raconter d'histoires, alors vas-y d'un coup de langue puisqu'il faudra forcément causer !

– Tu vas te mettre à table ou on va te faire passer le goût du pain ! »

Les phrases n'avaient aucun sens, Max ne pouvait y répondre sans tomber dans la contradiction. Une volée de coups sourds serra l'estomac de Franz, comme s'il ressentait la douleur de son ami.

Max demeurait muet.

« C'est qu'il me casse les bras, ce coco-là ! »

Franz songea à ses parents. Qu'allaient-ils donc penser ? La tristesse de sa mère, profonde mais étouffée, se traduirait par trop de sel dans la soupe, un meuble mal ciré. La honte de son père résonnerait dans l'immeuble, gagnerait l'ascenseur pour descendre au rez-de-chaussée, et de là, se répandrait jusqu'à la boutique située sur l'Alstädster Ring. Tout Prague s'aviserait alors combien il était un mauvais fils.

« Mes dents tombent par morceaux ! »

Le cri de Max, pareil à un coup de poignard, fit chanceler Franz. Il se tourna vers Kremp afin de quémander son aide. Kremp aux mille tours, jamais à court d'expédients, tremblait comme sous l'effet d'une fièvre, marmonnant des propos incohérents, évoquant le falot, les supplices. Il préférait se mutiler ou crever de dysenterie plutôt que de revivre ça.

« Ouvre-lui sa chemise ! » beugla l'un des agents.

Au bruit du tissu déchiré succéda le silence, que rompirent des rires en cascade.

« Jamais vu une bousille pareille !

– C'est sûr qu'ils l'ont bien arrangé ! »

Franz entendit son ami pleurer, le bruit d'une porte, quelques ordres secs.

« … et trouvez-lui de la teinture d'iode ! »

Le commissaire Hamard pénétra dans le Purgatoire. L'air parfaitement calme, comme à l'accoutumée. Il s'adressa à Kremp :

« Vous pouvez partir. »

L'homme se précipita vers la sortie avant de se figer sur le seuil.

« Bon, je crois qu'on s'est tout dit », lâcha-t-il sans se retourner.

Franz ne pouvait le croire, cela ne devait pas finir ainsi.

« Rien d'autre ? Juste ce peu que vous n'osez me dire dans les yeux ? »

Franz vit les épaules de Kremp s'affaisser.

« Après tout qu'est-ce que ça fout, on s'en fout. »

Hamard referma la porte. Une fois seuls, Franz en appela à sa raison :

« Commissaire, cette affaire présente un caractère de gravité.

– Vous pouvez parfaitement déposer une plainte à l'encontre d'agents de la Préfecture. Elle doit être adressée directement, et par écrit, à Monsieur le Préfet de police. Il appréciera d'y donner éventuellement suite, et fera répondre s'il en éprouve le besoin. »

Son impassibilité incita Franz à poursuivre :

« Qu'en est-il d'Apollinaire ?

– Il m'est impossible de l'arrêter deux fois en moins de quinze jours sans véritable motif. Toute la coterie intellectuelle piaillerait à la faute policière. On dit qu'une pétition circule. Apollinaire est donc libre, ainsi que Léger. Quant à Evatima Tardo, j'estime que ses spectacles sont une atteinte à la morale publique. Mais tant qu'elle bénéficiera d'une tolérance inqualifiable, je n'ai aucune raison de l'inquiéter. »

Franz, qui les connaissait depuis moins d'une journée, ressentit pourtant un profond soulagement. Restait la question principale.

« Nous ne sommes que de simples touristes. Pourquoi nous avoir fait subir cela ? »

Le commissaire Hamard tortilla ses longues moustaches, prenant le temps de répondre.

« Jeune homme, durant votre séjour, êtes-vous allé sur la place du Panthéon ?

– En effet.

– Vous n'avez pas manqué d'y voir la bibliothèque Sainte-Geneviève ?

– C'est exact, mais en quoi...

– Sur sa façade sont gravés les noms de grands hommes. Il s'y trouve un certain Hillel l'Ancien. Le connaissez-vous ? »

Hillel Ha Zaken, le fondateur d'une des plus grandes écoles talmudiques. Son célèbre aphorisme, « Si je ne suis pas pour moi, qui le sera ? Mais si je suis seulement pour moi, qui suis-je ? », plongeait Franz dans des abîmes de perplexité.

« Je vois que ce nom vous dit quelque chose, reprit Hamard. Sa présence parmi les bienfaiteurs de l'humanité, tels Pythagore, Newton ou Fénelon, me paraît incongrue, excessive. De même pour vous et votre ami, cher monsieur. Vous êtes des étrangers, des personnes en surnombre. Nous ne connaissons pas vos intentions. »

26. AU TRIBUNAL

Le factotum du commissariat réveilla Franz et Max à l'aube. Il leur laissa un broc d'eau, ainsi que du café lavasse dans deux quarts en fer. Franz fit tant bien que mal sa toilette tandis que Max, le visage tuméfié, une mèche de coton dans chaque narine afin d'épancher le sang, demeurait prostré sur la planche chevillée au mur qui faisait office de couchette. Impossible de lui arracher un mot, Franz commençait à craindre pour sa santé mentale.

Peu avant sept heures, deux agents vinrent les chercher. Chacun se menotta à l'un des prisonniers. Le fourgon cellulaire les attendait en face du commissariat. À sa vue, Franz se souvint de leur arrivée, lorsqu'ils avaient traversé Paris en omnibus. Dans la grisaille d'une matinée froide, et sans un mot,

Franz et Max furent conduits à travers la Cité jusqu'au Palais de Justice. Ses quatre tourelles, et l'horloge vieille d'un demi-millénaire, semblaient incarner la figure minérale, éternelle, de la loi. Le fourgon passa les hautes grilles et pénétra dans la cour.

Sous la surveillance de leurs gardiens, Franz et Max empruntèrent l'escalier qui menait à un avant-corps. De là, ils gagnèrent la salle des pas-perdus. Des banquettes en bois étaient disposées à intervalles réguliers le long de la galerie à voûte éclairée au gaz. Les agents se libérèrent avant de les menotter l'un à l'autre. Franz et Max se laissèrent tomber sur un banc.

Ils devaient encore attendre. Franz compta les arcades, il y en avait neuf. À travers les portes lui parvenait le bruit étouffé des bureaux, le tic-tac régulier des machines à écrire. Une odeur d'ail, incongrue en ces lieux, lui fit relever la tête.

« Maître Potin, inscrit au barreau. »

Un homme jeune se tenait devant eux, la figure agréable mais l'air épuisé. Sa robe d'un noir passé, les croquenots usés à courir de chambre en prétoire, attestaient qu'il entrait à peine dans la carrière, sans en percevoir vraiment la pécune. Franz, docteur en droit depuis pas si longtemps, lui accorda toute sa sympathie jusqu'à ce qu'il ouvre la bouche.

« Je serai votre avocat commis d'office », leur souffla-t-il au nez.

Maître Potin battait du bec, l'haleine brouillée au beurre d'escargot. Franz se tourna vers Max qui resta sans réaction.

« Votre ami a pris cher. »

L'avocat tira de sa serviette au cuir râpé quelques feuillets qu'il entreprit d'étudier.

« Étrangers, n'est-ce pas ?

– Je suis moi-même juriste. »

Maître Potin se raidit comme sous l'effet d'une tétanie.

« La loi change d'un côté à l'autre des Pyrénées. Alors, Prague, vous n'y pensez pas ? Oubliez sa procédure, elle ne ferait que vous embarrasser.

– Dans ce cas, pourriez-vous m'instruire sur votre système ? »

Maître Potin hésita devant l'ampleur de la demande. Il finit toutefois par lâcher quelques bribes, comme l'on donne des mouillettes à l'affamé qu'un repas trop riche tuerait :

« Vous avez le droit de jouer à la loterie, ce qui ne vous garantit pas de gagner. Tout travail donne droit à un salaire, encore faut-il qu'on vous le verse. Pour cela, il y a nos instances. Car, monsieur, notre justice est exacte, comme l'on dit d'un calcul qui tombe juste. Pas plus, pas moins. Mais surtout, vous ne devez jamais oublier qu'ici tout est tribunal. »

L'avocat conclut la leçon en étouffant un rot avant de s'instruire de l'affaire.

« C'est remuer du monde que d'organiser ce qui se passe ici ! Vous êtes déférés devant le juge à fin d'interrogatoire. En comparution immédiate. L'audience préliminaire déterminera si l'accusation dispose d'éléments suffisants à vous poursuivre. Elle sera présidée par le juge Bonnet qui a pour réputation d'être un magistrat inflexible. Or je le dis tout net, notre affaire n'est guère facile à plaider. »

Franz se releva avant qu'un élancement du bras lui rappelle qu'il était menotté à Max.

« Mais le dossier est vide, on ne peut rien retenir contre nous !

– Mon cher, tempérez vos élans. Tenons-nous en aux ennuis qui vous concernent de près. Et pour ce qui est de vous être mis dans un drôle de potage...

– Nous n'avons tué ni volé personne ! »

Maître Potin soupira.

« Hélas non. Ce serait plus simple. Beaucoup plus facile. Parfaitement plaidable. L'évidence du fait emporterait la certitude de la cour. Là, il y a comme un doute, qui génère forcément le soupçon. »

L'huissier vint les chercher. Ils empruntèrent la galerie Lamoignon puis se rendirent dans la partie neuve du Palais. Les magistrats s'y affairaient à grands effets de manches, pareils à des passereaux dont on prétend que le vol augure de tristes nouvelles. Franz, sans ralentir sa marche, reconnut le jeune livreur au tricycle. La mine déconfite, il se tenait à distance de l'automobiliste triomphant.

« Attendez là », commanda l'huissier en s'arrêtant devant le bureau du juge Bonnet.

Ils s'assirent donc à nouveau, face à une porte imposante au capiton de cuir. Leur avocat commis d'office l'observait avec déférence. Franz profita de l'attente pour boutonner le veston de Max.

« Faites entrer les prévenus. »

L'huissier s'effaça pour les laisser passer.

« Messieurs, soyez forts », fit maître Potin.

Franz et Max, toujours menottés l'un à l'autre, s'y prirent à trois fois pour franchir le seuil. Ils pénétrèrent dans un cabinet aux murs couverts de livres reliés.

«Libérez-les », fit le président Bonnet depuis son bureau Empire.

Le juge se trouvait dans la force de l'âge. Sa tête de patricien, au menton alourdi, exhibait une moustache de phoque. Il en avait l'allure. Cette ressemblance se trouvait accentuée par une jaquette à pans qui faisaient comme des nageoires postérieures.

« Veuillez prendre place », invita Bonnet, la main molle, à croire qu'il bénissait l'assistance.

« Vos nom, prénom, âge et qualité. »

Franz répondit pour les deux.

« Votre ami est indisposé ? s'étonna le juge.

– Zèle policier », avança maître Potin.

Le président Bonnet grogna dans ses moustaches.

« Les dénommé Kafka et Brod comparaissent en audience pour répondre aux accusations d'... Quoi ? Qu'est-ce qu'il y a ? »

L'huissier vint lui parler à l'oreille.

« Très bien. Dans ce cas, faites entrer le commissaire Hamard. »

Le chef de la Sûreté parut se couler dans le cabinet comme une ombre. Franz eut l'impression que la température chutait.

« Monsieur le juge.

– Commissaire, je regrette de vous distraire dans votre tâche, mais les intérêts de la justice l'exigent. Pouvez-vous me dire si vous reconnaissez ces personnes ? »

Hamard les identifia, remontant à leur première rencontre au Louvre qu'il enrichit d'observations ultérieures concernant leur passage au Bon Marché ou, rapporté par un indic, ce qu'ils avaient fait au ratodrome. Franz se demanda pourquoi on les avait filés.

Le président Bonnet mesura la portée du témoignage tout en caressant distraitement une rosette de belle taille à son revers.

« Commissaire, vous avez une grande habitude des audiences. Voudriez-vous nous donner votre avis sur l'éventuelle culpabilité de ces individus ? »

Maître Potin bondit de son siège comme s'il venait de s'asseoir sur un chat.

« C'est une plaisanterie, une parodie de justice !

– La défense aura la parole tout à l'heure.

– Je comprends, monsieur le président », concéda aussitôt le commis d'office.

Il se rassit, obséquieux, tandis que l'huissier annonçait un nouveau témoin.

« Commissaire ?

– Je vous en prie, monsieur le juge, faites entrer. »

Franz vit débouler le concierge de leur hôtel, chemise propre avec pour une fois un col, les cheveux lustrés à la moelle de bœuf. Il tenait les bras croisés derrière son dos massif, comme s'il cachait quelque chose.

« Êtes-vous réceptionniste à l'hôtel Sainte-Marie ?

– Oui, m'sieur le juge.

– Ces personnes sont-elles de vos clients ?

– C'est là que ça coince, sauf votre respect.

– Comment cela ?

– Vous allez comprendre… »

L'homme fit apparaître le registre des admissions, s'humecta le gras du pouce et prit le temps d'en tourner les pages.

« Voilà. Arrivée prévue le 8 septembre de messieurs Richard Garta et Christophe Nowy. »

Maître Potin et le commissaire Hamard rivalisèrent d'exclamations.

« Allons, que l'assistance se calme ! enjoignit Bonnet. Poursuivez, mon brave. »

Franz n'écouta pas la suite. Une lueur fragile dans le regard de Max lui redonnait espoir. Il avait sorti de sa poche le petit caillou porte-bonheur que Franz lui avait offert pour son dernier anniversaire.

« Admettez qu'il y a du louche, conclut le réceptionniste.

– Ce n'est pas typique », avoua le juge.

L'huissier vint à nouveau au rapport, toujours délivré dans le conduit auditif de Bonnet.

« Le 57, rue de Varenne, n'est-ce pas l'hôtel de Montmorency ?

– Pas seulement, monsieur le président. »

Franz n'avait pas besoin d'entendre les précisions de l'huissier. Il savait à quoi correspondait l'adresse. L'ambassade d'Autriche-Hongrie, dont Max et lui dépendaient.

« Et il m'attend dans le couloir ?

– En effet, l'attaché culturel patiente. »

Poussant un soupir d'agacement, le président Bonnet s'arracha de son bureau avec peine. Franz se retourna. Par la porte laissée entrouverte, on distinguait le visiteur. La nuque tondue, le crâne rasé sur les côtés mais les cheveux parfaitement coiffés au sommet, les moustaches en crocs, tout dans son apparence proclamait sa condition de militaire. De même pour l'habit, à la coupe élégante et pratique, comme taillé pour la chasse.

Le commissaire Hamard laissa filer un rire amer.

« Une fois de plus, les jeux sont faits, croyez-en un vieux routier », dit-il en tirant de sa poche un coupe-ongles.

De la kératine policière se répandit sur les épais tapis tandis que juge et diplomate discutaient. Bonnet hocha la tête, l'attaché claqua des talons. Une fois regagné son bureau, le président déclara la relaxe, par pure magnanimité.

« Messieurs Kafka et Brod, je laisse à vos consciences le soin de vous rédimer. »

Maître Potin se répandit en effusions et proposa de se charger des formalités liées à la levée d'écrou. Franz lut l'ordonnance de mise en liberté, s'assura que Max comprenait.

La justice obtint leurs signatures et les recracha sur le trottoir.

27. AUX BAINS

Franz et Max récupérèrent leurs affaires à l'hôtel. Par chance, le concierge de jour n'était pas encore rentré du tribunal. Ils traitèrent avec le jeune homme aux yeux désorbités, les adieux furent expéditifs.

Avant de rejoindre la gare, les deux amis souhaitaient effacer toute trace de Paris. Ils se rendirent donc aux bains des Tuileries, non loin du Pont-Royal. L'établissement, à la façade ornée de moucharabiehs, avait quelque chose d'oriental. Franz et Max se présentèrent au comptoir des admissions. Là, un employé leur proposa le bain complet pour trois francs, linge compris. Franz paya avec l'argent trouvé dans sa valise. Le préposé remit à chacun plusieurs serviettes, peignoir et caleçon de bain, ainsi qu'un thermomètre, conformément à la circulaire du

27 avril 1832. Le droit français était décidément chose étonnante.

Une fois dans sa cabine, Franz se souvint qu'enfant, à la piscine municipale, il se déshabillait en présence de son père. Hermann Kafka incarnait la puissance. Torse large, campé sur ses jambes, il ferait toujours face aux épreuves que la vie lui soumettrait. Elle ne s'en était jamais privée. Il avait affronté le froid et la faim de sa jeunesse, pour achopper devant le plus terrible des défis, son propre garçon qu'il n'arrivait pas à comprendre. Alors qu'il l'amenait aux bains pour passer un bon moment, Franz n'osait pas sortir de la cabine, se trouvant ridicule. Hermann commençait par faire la grosse voix, obtenant pire que mieux, et finissait par lui donner la main. Instantanément, la gêne de Franz se transformait en fierté. Lui, si petit et chétif, était le fils de cette montagne qui lui apprenait à nager.

Max hésita à se montrer en peignoir. Franz se rappela les paroles de confiance qu'il avait lui-même entendues au bord d'un autre bassin. Il sentit son cœur s'emplir de gratitude envers ce père dont il acceptait enfin l'héritage. Hermann lui avait légué ses mots. Il lui revenait à lui d'en faire quelque chose.

La première salle, vaste et fraîche, était un lieu de relaxation. Seuls les moniteurs s'agitaient en tous sens afin d'alpaguer le client. Le long du bassin, des hommes fumaient, assis sur les banquettes, ou s'étrillaient au gant de crin en prenant appui sur une rampe. Toute la scène baignait dans une étrange lumière céladon et les voix faisaient écho. Au fond, près des espaliers et de la corde à nœuds qui pendait au-dessus de l'eau, on avait aménagé une buvette qui dispensait bières et vins frais. Un vieillard éméché glissa sur les dalles humides. En le voyant, Max détourna la tête, écœuré. Par les étroites fenêtres donnant sur le fleuve, on voyait passer les bateaux.

Franz et Max gagnèrent la salle d'inhalation à l'eau sulfureuse, pour y purger leurs poumons des senteurs de Paris. Puis ils se rendirent à l'étuve dont les parois couvertes d'une mosaïque ruisselaient de condensation. Dans le nuage de vapeur brûlante, toute honte bue, Max ôta son peignoir.

Le torse, jauni à la teinture d'iode, présentait des boursouflures violacées d'où suintait de la lymphe. Elles formaient un entrelacs qui invitait l'œil à s'attarder. On peinait toutefois à y voir quelque chose tant la chair paraissait meurtrie. Franz finit par identifier le motif tatoué. Un énorme cancrelat dont chacune des antennes touchait un téton. Sous le dessin était écrit : *Le cafard après la fête*. Franz reconnut immédiatement le style tubulaire aux sections colorées.

« L'idée vient de Kremp, mais c'est Fernand Léger qui l'a réalisé », dit Max en rentrant l'estomac.

Sous l'effet de la contraction, son nombril s'aplatit, faisant comme un sourire à la bestiole.

« T'ont-ils dit s'il y avait un moyen de le faire partir ? demanda Franz.

– Selon eux, on peut l'effacer avec de l'acide ou du lait de femme. L'acide passe encore, mais pour le reste, je serai déjà bien heureux si une femme consent dorénavant à se trouver dans la même pièce que moi. Franz, nous n'avons plus rien à faire ici. Tout a été dit et fait. Il ne nous reste plus qu'à prendre deux billets et à rentrer chez nous. »

28. À LA GARE DE L'EST

L'indicateur des chemins de fer donnait un départ dans l'heure. Franz et Max se tenaient sur le quai, jamais leur jeunesse sans joie ne les avait aussi rapprochés. Bientôt, ils seraient rendus à l'ordinaire du quotidien.

« Nous autres gens de Prague avons toujours eu du malheur, dit Max. Et pourtant il n'est aucune ville au monde dont on ressent aussi fort la nostalgie, à peine l'a-t-on quittée. »

Franz se souvint qu'il avait affirmé exactement le contraire avant leur départ, au café Union. Les deux phrases étaient probablement vraies.

Le chef de train invita les voyageurs à monter. Franz et Max gagnèrent leur compartiment. Sur leurs billets figurait un numéro accolé au mot place. Il sonnait comme Plakat, qui en tchèque signifie verser des larmes. Max soupira.

« Pourquoi ne peut-on jeter sa tristesse par la fenêtre du wagon ? »

Durant le voyage de retour, Franz se raccrocha à un vers de *L'Énéide* : « Même ces choses un jour nous seront un souvenir joyeux. »

29. DERECHEF, CHEZ L'ÉDITEUR

Franz et Max se rendirent à Leipzig, au 36 Kreurstrasse, siège de la vieille librairie Drugulin. Les livres débordaient des étagères ou s'empilaient en colonnes qui menaçaient à tout instant de s'effondrer. Le propriétaire, ridé comme une figue, le crâne chauve couronné de longs cheveux blancs, se tenait assis à la caisse. Il buvait du thé. Max l'aborda, la mine avenante, et lui tendit la carte d'Ernst Rowohlt.

«Veuillez m'excuser, mais n'est-ce pas ici que se situent les bureaux de cet estimable éditeur ? »

Le vieillard gloussa en tendant son index au plafond.

« En haut, mais plus pour très longtemps. »

Les deux amis grimpèrent l'escalier. Parvenus à l'étage, première porte à droite, ils lirent *Rowohlt Verlag* sur une plaque de cuivre qu'un ouvrier dévissait. Franz sonna, aucun groom ne vint leur ouvrir.

« Pouvez entrer, ça n'arrête pas d'aller et venir », fit l'homme avant d'attaquer la dernière vis.

Franz et Max le saluèrent puis pénétrèrent dans les locaux. Il n'y avait personne à l'accueil mais on entendait du bruit au fond du couloir. Des exclamations, auxquelles répondait une voix calme.

« Que suggères-tu ? demanda Franz.

– Nous devons honorer notre contrat. »

Avec fierté, ils gagnèrent le bureau d'Ernst Rowohlt. L'éditeur était toujours aussi rouge, mais depuis leur dernière entrevue, il avait fondu. Ses bajoues pendaient comme des fanons. Kurt Wolff, son assistant, offrait une tout autre allure. En vêtements sport de coupe anglaise, il semblait être descendu du Walhalla pour disputer une bonne partie de tennis.

En les voyant, l'éditeur recula.

« Qu'êtes-vous venus faire ici ? »

Les deux amis répondirent à l'unisson :

« Vous remettre notre manuscrit ! »

Franz posa la feuille sur le bureau de l'éditeur. Rowohlt examina le papier froissé et taché de gras. Il reconnut tout d'abord sa propre écriture, un POUR RIEN tracé au stylographe. Dessous figuraient, écrits au crayon, le nom de l'hôtel où Franz et Max étaient descendus, l'adresse d'un bistrot sur le boulevard Saint-Michel, et une recommandation de promenade au Bois de Boulogne, avec canotage en option.

« Qu'est-ce que c'est ? » demanda l'éditeur en s'obligeant à rester calme.

Franz et Max le fixèrent, étonnés.

« Eh bien, notre guide, comme convenu.

– De la taille d'un timbre-poste ? »

Franz et Max s'attendaient évidemment à une réaction de ce genre.

« Mais c'est vous, monsieur, qui avez suggéré d'écrire uniquement deux ou trois choses, intervint Max. Nous pourrions ajouter la boutique de confiseries, rue des Petits-Champs. Mais ce serait tirer à la ligne. Or nous ne sommes pas des pisse-copies.

– Pour l'essentiel, voilà tout ce qui mérite d'être connu à Paris », conclut Franz.

Ernst Rowohlt étudia les deux hommes. Ils semblaient parfaitement sincères. Une douleur vive lui tordit l'estomac, son ulcère le mettait au supplice. Franz observa sa transpiration abondante, et le tampon buvard posé sur le bureau. Il allait suggérer à l'éditeur de s'en servir pour s'éponger le front quand Rowohlt posa la seule question qui lui tenait à cœur :

« Que s'est-il passé avec mon ami Arthur Kremp ? »

À cet instant, Kurt Wolff se déplaça légèrement en retrait. Il se trouvait désormais derrière son employeur.

Max échangea un regard avec Franz. Ils n'allaient pas pouvoir y couper. Comme les deux visiteurs semblaient mal à l'aise, Rowohlt amorça :

« Parce qu'il ne vous a jamais vus. M. Kremp a bien reçu un télégramme l'informant de votre visite, mais il vous a attendus en vain. Ce qui n'a fait qu'empirer son état mélancolique, on a dû l'interner. Aux dernières nouvelles le malheureux se trouvait à l'hôpital Sainte-Anne.

– Impossible ! s'écria Max.

– Et pourtant.

– Je ne comprends pas...

– C'est fort regrettable, monsieur Kafka, car j'espérais de votre part quelques éclaircissements. Selon la gardienne de l'immeuble, le jour du rendez-vous, elle a vu deux hommes à l'accent étranger demander après mon ami. Elle leur a répondu qu'il habitait au cinquième. Ces deux hommes correspondent parfaitement à votre description. »

Franz, l'air tout aussi suffoqué que Max, ne quittait toutefois pas Kurt Wolff des yeux. L'assistant de l'éditeur semblait vouloir attirer son attention.

Ernst Rowohlt respira à fond avant de poursuivre :

« Depuis sa loge, la concierge vous a vu repartir avec un locataire qui demeure au quatrième.

– En admettant qu'il y ait eu méprise, objecta Max, pourquoi n'en a-t-elle rien dit ?

– Parce que ce n'était pas son affaire, répondit l'éditeur, et qu'il n'y a pas de raison de s'échiner sans même avoir un pourboire. Je cite ses mots. »

Franz et Max n'étaient cependant pas convaincus. Ernst Rowohlt porta l'estocade :

« Qu'êtes-vous allés faire avec un Joyeux, un vétéran des Bataillons d'Afrique ? »

Les deux amis se figèrent. Quantité d'expressions, d'anecdotes attachées à leur guide prenaient soudain sens. Kurt Wolff se mêla alors pour la première fois aux échanges :

« Je pense savoir d'où vient la confusion. Chers messieurs, comment nomme-t-on chez vous la partie d'une maison qui se trouve au niveau de la rue ? Ce qu'en France on appelle le rez-de-chaussée ?

– Le premier étag… »

Au premier jour, en arrivant à l'hôtel, ils avaient grimpé l'escalier et pris le quatrième pour le cinquième. Une erreur mise sur le compte de la fatigue, corrigée les jours suivants, sans s'en rendre compte, en appuyant sur le bouton d'ascenseur. Restait toutefois un point qui s'avérait inexplicable. Pourquoi, après avoir entendu la description physique du faux Kremp, Wolff avait-il autorisé le transfert des dix mille francs ?

Franz interrogea du regard l'assistant de l'éditeur qui sourit, index posé sur ses lèvres. Ernst Rowohlt lui tournait le dos.

« Près de vingt mille francs en frais de vacances, vous avez éreinté mes affaires ! Parce que je suis un homme de parole, me voilà ruiné. Fort heureusement, ce cher Kurt se propose d'acquérir ma maison pour quinze mille marks. Une somme bien inférieure à sa valeur réelle d'édition, certes, mais sans mon fidèle employé je serais déshonoré. Messieurs, je ne vous salue pas ! »

Rowohlt jeta la feuille et sortit en claquant la porte. Au terme d'un silence décent, Wolff la ramassa et en fit un tortillon.

« Cigare ? »

Il alluma le sien avec le guide de Paris. Max prit un havane et le fit rouler entre ses doigts. Franz entendit sa robe craquer. Cela faisait le bruit d'un oisillon que l'on écrase sous son pied.

« Monsieur Brod, vous qui avez déjà beaucoup publié, voudriez-vous jeter un œil d'expert à mes projets de parutions ? Ils se trouvent dans la pièce d'à côté.

– Avec plaisir ! »

Une fois seuls, Wolff et Franz restèrent longtemps sans parler. Le jeune éditeur tirait sur son cigare, soufflant des ronds de fumée. Il finit par déclarer :

« Cher monsieur Kafka, tout manuscrit que vous souhaiterez nous envoyer sera le bienvenu. »

Franz songea aux dix mille francs.

« Pour prix de mon silence ?

– Non, pour la valeur de ce que vous avez à dire.

– J'ai une grande capacité à ne rien dire, alors que je voudrais dire le rien de l'existence. Ce sont deux chemins opposés. Quand j'écris quelque chose, cela perd immédiatement de son importance.

– Et en gagne sûrement une autre. Faites-moi savoir si nous pouvons espérer un ouvrage dans un avenir proche. »

Max revint, enthousiaste. Il brandissait une feuille de papier à lettre, marquée au monogramme de la Kurt Wolff Verlag : Romulus et Remus tétant les mamelles de la louve.

« Est-ce sur ce papier que seront rédigés nos contrats ?

– Oui, monsieur Brod. J'attends de préférence un grand livre d'action plutôt qu'une compilation de brefs récits. C'est ce que le public préfère. Que voulez-vous, nous n'y pouvons rien changer. »

Franz et Max prirent congé de l'éditeur. Une fois dans la vieille librairie, Franz repéra un livre ouvert, au texte en partie caché par un carton.

(Ein Thuerhueter tritt auf.)
(Man hoert klopfen.)
Thuerhueter.
Das heisst Klopfen, in der That: wenn einer Pfoertner am Thor der Hoelle waere, man koennt' ihm's nicht aerger machen-
(Man hoert klopfen.)
Knak! Knak! Knak! Wer ist da, in Beelzebubs Namen?- ein Pachter, der sich vor Verdruss dass er nicht reicher werden konnte aufhieng-
Nur herein, aber es wird gut seyn, wenn ihr euch mit Handtuechern versehen habt, denn hier werdet ihr dafuer schwizen.
(Abermaliges Klopfen.)

Macbeth, acte II, extrait de la scène 3 entrevu chez le bouquiniste des quais. La traduction allemande aidait à se rappeler la suite. Franz aurait pu compléter le texte mais il s'en abstint. Le passage s'achevait sur une didascalie. « On frappe à nouveau. » En l'état, tout était possible, la porte s'ouvrirait ou pas. Ce serait la fin ou, avec un peu de chance, le commencement.

ÉPILOGUE

Franz écrivit son premier texte pour l'éditeur dans la nuit du 22 au 23 septembre 1912. *Le Verdict* parut l'année suivante. Il comptait vingt-neuf pages.

FIN

REMERCIEMENTS

À Franz et Max dont j'ai employé la parole. À Robert Walser. À Karl Valentin. À Vincent Puente. À Hisaishi Jō, dont *A Town with an Ocean View* a rythmé les promenades des deux amis. À Robert Sucheyre et Le Terminus du Châtelet, pour les saveurs de Paris et le boa constrictor dans les toilettes. À François Angelier. À Catherine Argand. À Jean-Maurice de Montremy. À Laurence et Zelda.

LIGNES DE SUITE

Max Brod et Franz Kafka ont vraiment eu l'idée de *Pour Rien*, leur guide minimaliste parisien. Deux jeunes hommes joyeux, en parfaite santé, qui plaisantent. On oublie trop souvent qu'ils ont été aussi comme ça. Ils sont arrivés à Paris un jour après l'arrestation d'Apollinaire dans le cadre de l'enquête sur le vol de la Joconde. La même semaine, les Futuristes quittaient Milan et débarquaient dans notre capitale pour faire scandale à la galerie Kahnweiler et boire des coups avec Picasso. La vie n'hésite jamais à en faire trop.

Il n'y a pas si longtemps, dans une brasserie face à la Gare du Nord, j'ai partagé une choucroute avec Christopher Priest, l'un des plus grands écrivains anglais d'aujourd'hui. Chris n'aimerait pas que l'on dise ça de lui, mais c'est vrai. Lisez ses romans, *Le Prestige* et *La Séparation*, vous m'en direz des nouvelles.

Allez savoir pourquoi, nous en sommes venus à parler de l'écriture, de son rapport à la réalité, et Chris a dit qu'un romancier n'est pas historien. Il a le droit de s'écarter des faits si cela lui permet de découvrir le livre qui doit être écrit. J'ai trouvé ça très vrai. On s'est dit à la prochaine avant de grimper dans nos trains. Durant le trajet, je lisais une biographie de Jacques Tati qui a dit un jour : *L'important est de s'amuser de ce qui arrive tout en restant un petit peu triste.* C'était fichtrement vrai aussi, et j'ai repensé au séjour de Kafka en France.

XAVIER MAUMÉJEAN

TABLE DES MATIÈRES

Paru dans le domaine « Fiction » :

ROMANS

Messaoud Benyoucef, *Colline 3*
Sébastien Bonnemason-Richard, *Je n'ai de goût qu'aux pleurs que tu me vois répandre*
Mohamed Boudjedra, *Le parti des coïncidences*
Stéphanie Chaillou, *L'homme incertain*
Pierre Chazal, *Marcus*
Pierre Chazal, *Les buveurs de lune*
Laetitia Chazel, *Dégoût*
Laetitia Chazel, *Drôle de genre*
Ludovic Debeurme, *Ocean park*
Arnaud Dudek, *Rester sage*
Arnaud Dudek, *Les fuyants*
Arnaud Dudek, *Une plage au pôle Nord*
Olivier Haralambon, *Le versant féroce de la joie*
Sylvain Matoré, *Cercles*
Xavier Mauméjean, *Kafka à Paris*
Marius Nguié, *Un yankee à Gamboma*
Viktor Pelevine, *Les Nombres*
Nathalie Poitout, *Avec lui.*
Pierre Raufast, *La fractale des raviolis*
Pierre Raufast, *La variante chilienne*
Guillaume Siaudeau, *Tartes aux pommes et fin du monde*
Guillaume Siaudeau, *La dictature des ronces*
Minna Sif, *Massalia blues*
Thomas Vinau, *Nos cheveux blanchiront avec nos yeux*
Thomas Vinau, *Ici ça va*
Thomas Vinau, *Juste après la pluie*
Thomas Vinau, *La part des nuages*
Philippe Will, *Mémoire fauve*

COLLECTION « PABLOÏD »

Antoine de Baecque, *En d'atroces souffrances*
François Bégaudeau, *Au début*
Geneviève Brisac, *Moi, j'attends de voir passer un pingouin*
Belinda Cannone, *Le baiser peut-être*
Valentine Goby, *La fille surexposée*
Xavier Mauméjean, *American gothic*
Dominique Pagnier, *La montre de l'amiral*
Anne Rabinovitch, *Chacune blesse, la dernière tue*
Michel Schneider, *Amour suite et fins*

La photocomposition de cet ouvrage
a été réalisée par SCEI
94200 Ivry-sur-Seine

Achevé d'imprimer sur les presses de
In Tempo en mai 2015
Dépôt légal : mai 2015
N° d'impression : 504285